30.–

Herderbücherei

Band 532

Über das Buch

Für den Jesuitenorden besteht immer wieder ein erstaunlich großes Interesse auch in der außerkirchlichen Öffentlichkeit. Dieses zeigte sich in den Pressemeldungen über die Generalkongregation im Winter 1974/75. Viele Zeitungsleser können jedoch Einzelmeldungen nur schwer richtig verstehen, einordnen und werten, da ihnen Hintergrundinformation über den Orden fehlt: Seine Gründungsidee, Geschichte, Spiritualität, seine Arbeitsschwerpunkte, seine Größe und Verbreitung, seinc Zukunftsaussichten. Es interessiert auch immer wieder die Frage: Wie werden Jesuiten zu dem, was sie sind? Worin besteht ihr Geheimnis? Dieses Buch versucht eine kurze, zusammenfassende Antwort auf solche Fragen. Man kann es einfach durchlesen. Man kann sich aber auch anhand des Registers über Einzelfragen kurz informieren. Die Herausgeber haben ihre Absicht erreicht, wenn der eine oder andere Leser durch die Lektüre zu weiterführender Literatur (siehe Anhang) greifen würde.

Über die Autoren

Pedro Arrupe (1907), seit 1965 Generaloberer des Jesuitenordens, Rom, vorher Missionar in Japan.
Eberhard v. Gemmingen (1936), Assistent des Provinzials der Süddeutschen Provinz SJ, München.
Bernhard Grom (1936), Professor für Religionspsychologie an der Hochschule für Philosophie, München.
Gregor Heussen (1939), Fernsehautor, Frankfurt a. M.
Günter Höver (1938), Fernsehautor, Frankfurt a. M.
Wendelin Köster (1939), Assistent des Novizenmeisters, Münster.
Bruno Pfeifer (1929), Novizenmeister, Nürnberg.
Günter Switek (1933), Dozent für spirituelle Theologie an der Hochschule St. Georgen, Frankfurt a. M.
Josef Übelmesser (1932), Missionsprokurator der Süddeutschen Provinz SJ für Indien u. Indonesien, Nürnberg.
Hans Wolter (1910), Professor für Kirchengeschichte an der Hochschule St. Georgen, Frankfurt a. M.

Jesuiten

Wohin steuert der Orden?

Herderbücherei

Originalausgabe
erstmals veröffentlicht als Herder-Taschenbuch
Umschlagzeichnung: Willy Kretzer

Herder Freiburg · Basel · Wien
Freiburger Graphische Betriebe 1975
ISBN 3-451-07532-6

Inhalt

Einführung

Bei einem Blick, der sich mehr obenhin an das unmittelbar Greifbare hält, hat der Jesuitenorden, die Societas Jesu (SJ) oder Gesellschaft Jesu, jüngst sein Image sehr gewandelt. Bis zum Zweiten Vatikanischen Konzil galt er als Hort und Vorkämpfer streng orthodoxer Kirchlichkeit und Päpstlichkeit in Lehre und Leben, als Faktor der Ordnung, der Einigkeit, der bewährten Tradition, der Neuscholastik. Mag dieses alte Bild auch einseitig und zu undifferenziert sein, so war es doch vorhanden und im großen und ganzen auch nicht falsch. Die Jesuiten empfanden sich nicht nur als die getreuen Soldaten des Papstes (das wollen sie eigentlich auch heute noch sein), sondern sie meinten auch genau zu wissen, was sich konkret aus einer solchen Grundhaltung an praktischen Normen und Taten ergebe. Heute ist das anders. Sie werden (wieder: im großen und ganzen) eher zum „linken“, „progressiven“ Flügel in der katholischen Kirche gerechnet. In Theorie und Praxis. An Stelle einer Aufzählung von Einzelindizien steht ein Teilhard de Chardin für viele und für vieles. Wie kann ein solches Phänomen erklärt werden, soweit das überhaupt schon möglich ist?

Man kann drei sehr verschiedene Gründe dafür nennen, die zusammenzusehen sind. Zunächst einmal: Auch die Jesuiten zahlen dem „Zeitgeist“ ihren Tribut. Wie sollte das ganz zu vermeiden sein? Ein Teil dieses Tributes ist ja notwendig zu zahlen, will man überhaupt ein Mitspracherecht in seiner Zeit haben. Und wer weiß genau immer, welcher Tribut berechtigt, welcher falsch, welcher die Annahme einer historischen Notwendigkeit, welcher eine dumme Mode ist, die nur zu bald sich selbst desavouiert? Wer zu genau weiß, wo der eine Tribut aufhört und der andere anfängt, der setzt sich dem Verdacht aus, seine Erhabenheit über Zeitmoden sei in Wirklichkeit nur die blinde Verfallenheit an das Gewohnte einer früheren Zeit.

Der zweite Grund: Die Jesuiten sind aufgrund der ihnen eigenen Spiritualität Leute mit der Absicht, alles außer dem einen nicht kalkulierbaren und nicht unter menschliches Management geratenen Gott sehr relativ zu nehmen. Sie können sich nicht einfach absolut mit einer bestimmten Zeit und ihrem Lebensgefühl, ihrer Kultur und Wissenschaft identifizieren. Daraus entspringen manchmal zu simple Kompromisse und Anpassungen. Aber die eigentliche Haltung liegt tiefer, ist echt und ursprünglich: Gott ist immer größer (und wenn man will: darum auch immer kleiner) als Kultur, Wissenschaft, Kirche, Papst und alles Institutionelle; er darf mit all dem nicht verwechselt werden. Von da aus muß der Jesuit zuallererst ein kritisches Verhältnis zu seiner Vergangenheit haben, gerade dort, wo sie glorreich war. Und er bleibt offen für alles Neue, gerade weil er es nicht verabsolutieren kann.

Und drittens: Die Kirche ist heute in einer Verwandlung begriffen. Vermutlich ist dieses zu lange hintan gehalten worden, weil man meinte, unversöhnliches Beharren auf dem Bisherigen sei eine besonders christliche Tugend und die Rettung einer bedrohten Welt, und darum kommt diese Wandlung jetzt sehr plötzlich und mit allen Eigentümlichkeiten und Gefahren, die entstehen, wenn etwas Notwendiges zu schnell „nachgeholt" werden muß. Aber eine solche Wandlung ist notwendig, wenn die Kirche nicht die Kirche einer Gesellschaftsschicht bäuerlicher und kleinbürgerlicher und typisch späteuropäischer Art mit immer kleiner werdender Anhängerschaft bleiben will, sondern eine Kirche der Gesellschaft werden möchte, die eine Zukunft hat. Diese Wandlung der Kirche ist schwer, schon weil sie zu spät begonnen wurde. Sie hat ihre Gefahren, die wahre Substanz des Christentums zu verraten ist schmerzlich, bringt die verschiedenen Schichten der Kirche mit ihrem ungleichzeitigen Bewußtsein miteinander in Konflikte. Aber sie ist unvermeidlich, ja wird noch gar nicht genügend ernst genommen. Daß diese Wandlung sich auch fortsetzt in einen Orden der Kirche hinein, ist selbstverständlich.

Wollte der Orden so „monolitisch" sein oder tun, wie er bisher wenigstens nach außen erscheinen möchte, würde er nur der Repräsentant einer vergehenden Epoche der Kirche sein und würde der Kirche keine wahren Dienste leisten können. Daß er keine falschen und dummen Modernismen mitmacht, sondern die reine Substanz des Christentums vertreten und leben soll, ist selbstverständlich. Nur ist nicht so einfach zu sagen, was das konkret bedeutet. Die das zu genau wissen, sind eines im Grunde sterilen Konservativismus verdächtig. In eine unbekannte Zukunft, die nun einmal unser Los ist, so unangenehm das ist, kann man nicht mit klaren Generalstabskarten ziehen, auf denen alle Straßen schon genau verzeichnet sind. Ein Orden, der so täte, als sei eigentlich alles klar, es müsse nur mutig genug vertreten werden, wäre verdächtiger als der Jesuitenorden in dem Zustand, in dem er sich tatsächlich befindet und der gewiß nicht leicht und durchsichtig ist.

Erster Teil

Struktur der Gesellschaft Jesu

Zahlen über einen Orden zeigen das nicht unwichtige Gerippe einer Gemeinschaft. Wer hört, daß es an die 30000 Jesuiten gibt, stellt sie sich gern als eine geschlossene Mannschaft vor, als eine „Fliegende Truppe des Papstes". Schon die Zahlen und Kurven im folgenden zeigen, wie wenig dieses Bild mit der Wirklichkeit des Ordens übereinstimmt.

1. Jesuiten in Zahlen

Der Jesuitenorden hat gegenwärtig etwa 29400 Mitglieder. Der größte Teil davon sind Priester. Europa stellt immer noch die stärkste Gruppe. Die Zahl der Jesuiten in Ländern der Dritten Welt jedoch steigt merklich an.

Wichtig für die Zukunftschancen einer Gemeinschaft ist auch das Zahlenverhältnis zwischen Jüngeren und Älteren. In Asien steht dieses Verhältnis am günstigsten. Hier kommt ein Ordensstudent auf nur drei Priester, während in Europa je sieben Priester nur einem Studenten gegenüberstehen.

Die relativ hohe Zahl von Nicht-Priestern – die im Orden „Brüder" genannt werden – in Europa darf nicht darüber hinwegtäuschen, daß der größte Teil von ihnen schon älter ist. Nur in wenigen Ländern gelang es, junge Brüder für den Orden zu gewinnen. In Nordamerika, Asien und Afrika sind in den vergangenen Jahren sehr viel mehr junge Leute eingetreten, um Bruder zu werden. Das ordensrechtliche Verhältnis von Priestern zu Nichtpriestern ist eine der wichtigen Fragen, die die Gemeinschaft in nächster Zeit lösen muß.

2. Wachstumsbewegung der Gesellschaft Jesu

Die Gesellschaft Jesu hat zweimal eine Geschichte angefangen: 1540 bei ihrer Gründung durch Ignatius von Loyola und seine Freunde und 1814 bei der Wiederzulassung durch Papst Pius VII. Von 1773 bis 1814 war die Gesellschaft Jesu aufgrund eines Dekretes Papst Clemens' XIV. verboten. Nur im Preußen Friedrichs des Großen und im Rußland der Kaiserin Katharina blieb sie auf Wunsch der Herrscher bestehen. Auf der Grafik veranschaulicht die durchgezogene Linie die Entwicklung der ersten Periode von 1560–1773. 1560 gab es ungefähr 1000 Jesuiten.

Auch in der sogenannten Blütezeit des Ordens, Mitte des 18. Jahrhunderts, war er nie stärker als 24000 Mitglieder. Erst nach 1910 gab es wieder so viele Jesuiten, wie es schon 1660 gegeben hatte. Dann stieg die Mitgliederzahl stark an bis zum Höchststand 1964 mit etwas über 36000. Heute entspricht der Mitgliederstand in etwa dem von 1947.

	Priester	Studenten	Brüder	Insgesamt
Europa	8756	1202	2293	12251
Asien	3112	1062	683	4857
Nordamerika	5575	1124	663	7362
Lateinamerika	2555	519	752	3826
Australien/ Ozeanien	206	76	29	311
Afrika	618	49	162	829
	20822	4032	4582	29436

Wachstumsbewegung der Gesellschaft Jesu
Vergleich der Epochen von 1560 bis 1773 und von 1814 bis 1974.
Durchgezogene Linie: 1560–1773; gestrichelte Linie: 1814–1974.

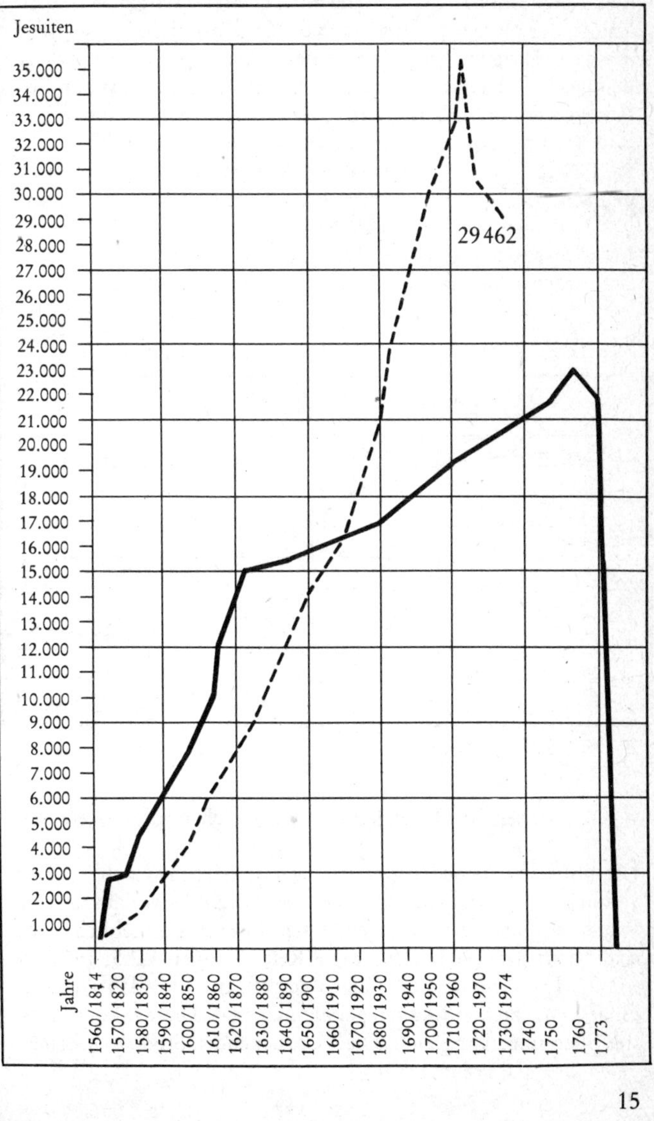

3. Novizen

Parallel zur Entwicklung der Priesterberufe in der Kirche der westlichen Industrieländer sind auch in der Gesellschaft Jesu die Zahlen der Novizen – so werden die Ordensmitglieder während der zweijährigen Prüfungszeit, dem „Noviziat", genannt – in den letzten 15 Jahren spürbar zurückgegangen. In Spanien beispielsweise um bis zu 90 Prozent. Auch im deutschsprachigen Raum nahmen die Novizen-Zahlen ab, bis zu einem Tiefpunkt 1971. Seither steigt die Kurve international wieder leicht an, im deutschsprachigen Raum bleiben die Zahlen gering. Zur Zeit sind in den beiden Noviziaten in Nürnberg und Münster 23 junge Leute. In anderen Gebieten der Erde, z. B. in Indien und Indonesien, wächst die Zahl der jungen Jesuiten sehr stark.

Novizen mit der Absicht, Priester zu werden (1960–1974).

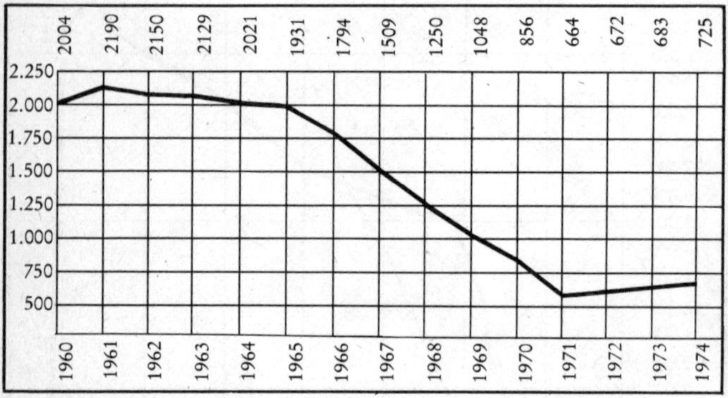

4. Jesuiten in Deutschland, Österreich und Schweiz

Die Entwicklung der letzten zehn Jahre zeigt, daß sich bei den Jesuiten im deutschsprachigen Raum das Zahlenverhältnis von Studenten und fertig ausgebildeten Priestern erheblich verschlechtert hat. 1965 betrug diese Relation noch 1:2,5; 1974 ist sie 1:7. Die Gründe dafür liegen vor allem darin, daß weniger junge Leute zu den Jesuiten gekommen sind. Die Zahl der Priester blieb ungefähr gleich. Die nachrückenden Studenten haben

Jesuiten in Deutschland

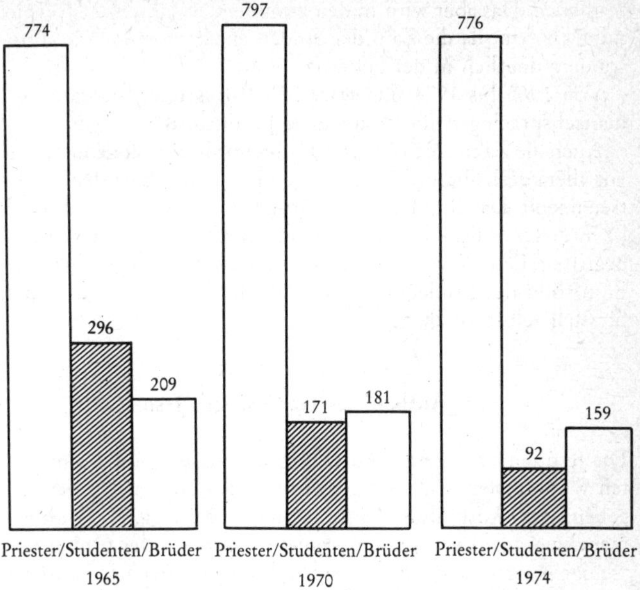

Jesuiten in Österreich

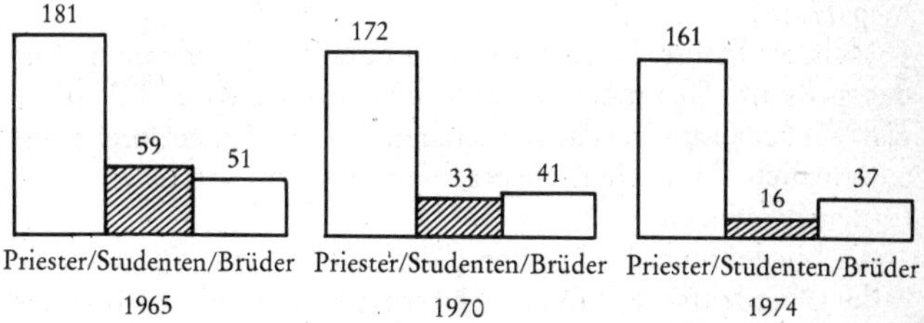

Jesuiten in der Schweiz

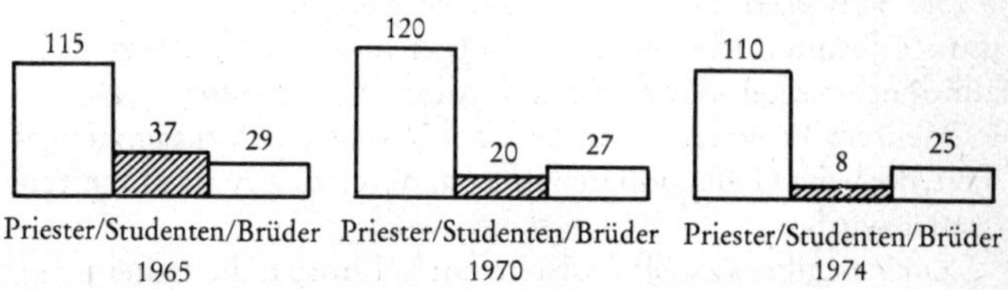

die durch Tod oder Ordensaustritte verursachten Ausfälle ausgeglichen. Das aber wird in den kommenden Jahren nicht mehr möglich sein, da die Zahl der Studenten abgenommen hat; besonders deutlich in der Schweiz.

Von 1965 bis 1974 sind etwa 250 Patres und Studenten im deutschsprachigen Raum aus dem Jesuitenorden ausgetreten.

Auch die Zahl der Brüder im Jesuitenorden hat abgenommen, vor allem deshalb, weil keine jungen Leute in den Orden eingetreten sind. Das Berufsbild der Brüder in der Gesellschaft Jesu ist in den westlichen Industrienationen allgemein im Umbruch begriffen. Erst wenige junge Leute sind auf dem Wege, ein neues Berufsbild des Bruders in der Gesellschaft Jesu zu finden und für sich selbst zu akzeptieren.

5. Aufbau der Gesellschaft Jesu

Die Jesuiten leben gemeinsam in eigenen Häusern oder gemieteten Wohnungen, denen sie gewöhnlich den Namen „Residenz" geben. In Ausbildungshäusern, den „Kollegien", wohnen manchmal bis über hundert Jesuiten. Dort, wo der Orden nur wenige Aufgaben übernommen hat, können es in einer Residenz aber auch nur drei oder vier sein. Es kommt vor, daß Jesuiten allein wohnen, jedoch gehören diese immer zu einem gemeinsamen Haus.

Mehrere Häuser in einem Gebiet oder Land bilden eine Ordensprovinz. Deren Leiter ist der Provinzobere oder „Provinzial". Jeder Jesuit ist seinem Provinzial in der Arbeit direkt verantwortlich. Im deutschsprachigen Raum bestehen fünf Ordensprovinzen:

- die Niederdeutsche Provinz (Westprovinz) mit Sitz in Köln
- die Oberdeutsche Provinz (Südprovinz) mit Sitz in München
- die Ostdeutsche Provinz mit Sitz in Westberlin
- die Österreichische Provinz mit Sitz in Wien
- die Schweizer Provinz mit Sitz in Zürich.

Einige Jesuiten arbeiten als Seelsorger in den kirchlichen Jurisdiktionsbezirken der Berliner Ordinarienkonferenz.

Mehrere Provinzen sind zu einer „Assistenz" zusammengefaßt, die beim Generaloberen in Rom durch den Assistenten vertreten wird.

Zur Zeit gibt es zwölf Assistenzen; in Europa: die Italienische,

Französische, Spanische, Deutsche, Slawische und Englische; in Amerika: die Nordamerikanische, Mittelamerikanische mit Venezuela und Kolumbien und die Südamerikanische; ferner die Afrikanische, Indische und Ostasiatische Assistenz.

Die Gesamtleitung des Ordens hat der Generalobere mit Sitz in Rom.

Zwei Grundprinzipien kennzeichnen den rechtlichen Aufbau des Ordens: Beratung und Entscheidung sind genau unterschieden. Es muß klarsein, wer für eine Entscheidung verantwortlich ist. Entscheidungen werden daher nicht durch Abstimmungen herbeigeführt, sondern der jeweils Verantwortliche muß entscheiden. Daher kann sich kein Oberer auf Mehrheiten in Gremien berufen. Jeder Verantwortliche aber ist verpflichtet, sich vor seiner Entscheidung mit dem ihm zugeordneten Gremium zu beraten.

Ein weiteres Grundprinzip: nur der Generalobere wird gewählt. Alle anderen Verantwortlichen werden von dem nächsthöheren Oberen nach Beratung und Einholung von Informationen ernannt.

Der Generalobere, zur Zeit der Baske Pedro Arrupe, wird von der Generalkongregation auf Lebenszeit gewählt. Die Generalkongregation besteht aus den Provinziälen (zur Zeit 84) und je zwei gewählten Delegierten der einzelnen Provinzen.

Die Generalkongregation ist die oberste Repräsentation des Ordens. Bei ihr liegt die oberste Leitungs-, Gesetzgebungs- und Kontrollgewalt der Gesellschaft Jesu. Sie bestimmt die Leitlinien für die Arbeit des Ordens. Nur sie kann neue Gesetze erlassen. Die Kontrolle über den General übt die Generalkongregation vor allem durch die sechs Generalassistenten aus, die sie ebenfalls wählt.

Jedoch gibt die Gesellschaft Jesu ihrem Generaloberen einen sehr weiten Handlungsspielraum. Der Orden als Ganzer soll frei sein für sein Apostolat und nicht durch zu häufige gemeinsame Beratungen von der Seelsorgsarbeit abgehalten werden. Dies wird durch die Geschichte bestätigt: Generalkongregationen wurden in der vierhundertjährigen Geschichte des Ordens erst 32mal abgehalten. Die meisten von ihnen wurden nur einberufen, weil der Generalobere gestorben und ein neuer zu wählen war. Diese Großzügigkeit für den General, die Leitlinien der Generalkongregation zu interpretieren, geht auf die Methode des Ignatius zurück, jeder konkreten Anweisung anzufügen: „Wenn

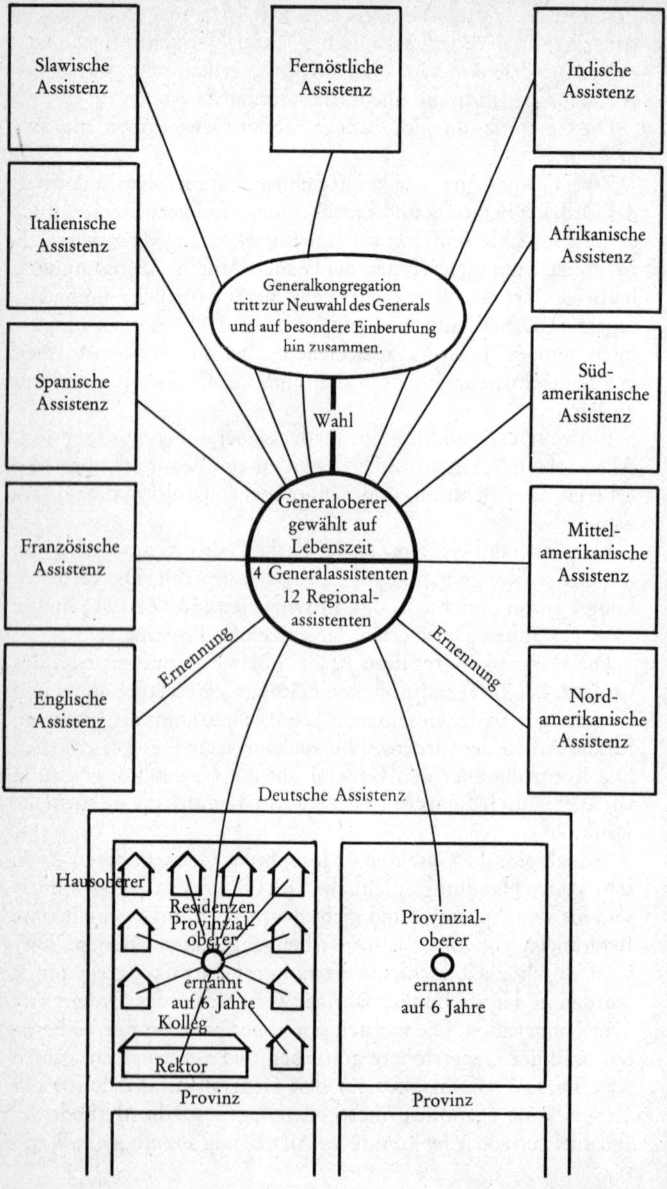

Slawische Assistenz
Fernöstliche Assistenz
Indische Assistenz
Italienische Assistenz
Afrikanische Assistenz
Generalkongregation tritt zur Neuwahl des Generals und auf besondere Einberufung hin zusammen.
Spanische Assistenz
Süd-amerikanische Assistenz
Wahl
Generaloberer gewählt auf Lebenszeit
4 Generalassistenten
12 Regional-assistenten
Französische Assistenz
Mittel-amerikanische Assistenz
Ernennung
Ernennung
Englische Assistenz
Nord-amerikanische Assistenz
Deutsche Assistenz
Hausoberer
Residenzen
Provinzial-oberer
ernannt auf 6 Jahre
Kolleg
Rektor
Provinz
Provinzial-oberer
ernannt auf 6 Jahre
Provinz

die Umstände nicht anderes nahelegen." Alle drei Jahre kommen Delegierte aller Provinzen zusammen, um darüber zu beraten, ob eine Generalkongregation zu Lebzeiten des Generals notwendig ist. Die Provinziäle werden vom General aufgrund von Vorschlägen aus den Provinzen für sechs Jahre ernannt. Die Provinziäle wiederum ernennen die Hausoberen jeweils auf sechs Jahre.

Jedem Verantwortlichen ist ein Beratungsgremium, der „Konsult", von drei bis fünf Mitgliedern zugeordnet. Diese ganze Struktur zielt auf möglichst reibungslose und rasche Entscheidungen.

Auch der General hat seinen Konsult, der aus den sechs schon genannten Generalassistenten besteht. Zur zeit sind es der Amerikaner Vincent O'Keefe, der Franzose Jean-Yves Calvez, der Spanier Francisco Ivern, der Inder Parmananda Divarkar, der Ire Cecil McGarry. Zum weiteren Beraterkreis des Generals gehören die zwölf Regionalassistenten und fünf Fachsekretäre: für das Sozialapostolat, das Erziehungswesen, die Massenmedien, die Mission und den Ökumenismus.

Unabhängig von den rechtlichen Regelungen kann jeder Provinzial und jedes Mitglied der Gesellschaft Jesu ohne besondere Formalitäten mit seinen Oberen in Verbindung treten. Um die Zusammenarbeit der Ordensprovinzen zu intensivieren, haben sich Provinzialkonferenzen gebildet. Sie entsprechen zum Teil den nationalen Bischofskonferenzen.

Dieser Aufbau des Ordens soll nicht nur die größtmögliche Freiheit des einzelnen für seine Arbeit gewährleisten, sondern die internationale Zusammenarbeit ermöglichen.

6. Berufsfelder

Jesuit sein heißt mobil sein.

Das Leben von Otto Faller kann Kontinuität und Beweglichkeit deutlich machen. 1889 geboren, studierte er Theologie, trat in Vorarlberg in den Orden ein, der in Deutschland verboten war, vollendete seine theologische Ausbildung in Holland und studierte dann klassische Philologie. Als 35jähriger begann er seine Lehrtätigkeit an der Jesuitenschule Feldkirch, machte den durch die Zazis erzwungenen Ortswechsel nach St. Blasien mit und erlebte 1939 die Aufhebung der Schule. Er wurde Leiter des Schriftstellerhauses in Rom, hielt Vorlesungen an der Universität Gregoriana und begann die Herausgabe der Ambrosiuswerke. 1944 berief ihn Pius XII. zum Koordinator der Flüchtlingshilfe. 1946 kehrte er als Rektor nach St. Blasien zurück, bis er 1951 das Amt des Provinzials übernahm. 1956 konnte er zur Wissenschaft zurückkehren und blieb 14 Jahre bei der Ambrosius-Herausgabe.

Der Wechsel zwischen verschiedenen Aufgaben und Arbeitsplätzen ist typisch für ein Jesuitenleben, wenn es im Kontrast dazu auch durchaus den Jesuiten gibt, der lebenslang am gleichen Arbeitstisch sitzt und der gleichen Arbeit nachgeht.

Eine Berufung – viele Berufe

Jesuit zu sein ist noch kein Beruf, sondern eine Berufung und eine Lebensweise. So gibt es in der einen Gruppe viele Berufe. Dem Orden geht der Ruf nach, es gebe praktisch kein Arbeitsgebiet, in dem nicht irgendwann auch ein Jesuit beschäftigt sei. Tatsächlich ist das Spektrum der Berufe im Orden ungleich breiter als in anderen christlichen Gemeinschaften. Der Dienst der Kirche, für den Ignatius seine Gruppe bereitstellen wollte, war von Anfang an nicht auf die normale Seelsorge am Ort eingeschränkt. Im Gegenteil: Ignatius stellte sich seine Gemeinschaft als eine Art Feuerwehr vor, die überall dort einspringen sollte, wo es Engpässe gab, wo nötige Arbeiten nicht getan wurden, wo neue Wege gefunden werden mußten. Deshalb verlangte er von den Mitgliedern seines Ordens auch eine solide theologische und praktische Ausbildung.

Das Prinzip, beweglich zu sein, bestimmt auch heute weithin die Gesellschaft Jesu. Es mag sein, daß einer als Studentenpfarrer anfängt und bei der Schriftstellerei landet.

An ausgesprochenen Arbeitsschwerpunkten haben sich Berufsfelder gebildet. Was ein Jesuit beruflich tut, hängt von seiner Phantasie und seinem Gespür für das Nötige ab und von der Entscheidung seiner Ordensprovinz.

Direkte Seelsorge

Die Jesuiten im deutschsprachigen Raum arbeiten nur an wenigen Orten in Pfarreien. Diese sind eine wesentliche Ergänzung der sonstigen Seelsorge des Ordens. Wegen der angestrebten Beweglichkeit und der Ordensarmut bestand ursprünglich ein Verbot und eine große Furcht davor, Pfarreien mit festen Einkünften zu übernehmen. Typisch für den Orden sind jedoch Kirchen ohne Pfarrei, an denen auf der Kanzel, im Sprechzimmer, bei Beicht und Aussprache Seelsorge geschieht.

Direkte Seelsorge wird vielfach auch von denjenigen Jesuiten geleistet, denen besondere Berufsgruppen anvertraut sind, z.B. Lehrer, Studenten, Arbeiter, Ordensschwestern; ähnlich von Jesuiten, die sich um Familien, Kranke, Gefangene u.ä. kümmern. In den letzten fünfzehn Jahren erlangten die „Häuser der Offenen Tür" und die Telefonseelsorgestellen wachsende Bedeutung.

Berufsfeld direkte Seelsorge

Gemeindepriester	Beichtvater
Krankenhausgeistlicher	Lehrerseelsorger
Spiritual am Priesterseminar	Schwesternseelsorger
Priester in Familiengruppen	Seelsorger für Priester
Arbeiterpriester	Religionslehrer
Seelsorger in einem Haus der Offenen Tür	Gefängnispfarrer
	Telefonseelsorger

Für die Jesuiten war es zu allen Zeiten wichtig, seelsorglich bei Priestern und Theologiestudenten zu wirken. Es gab Zeiten, in denen Jesuiten in fast allen deutschen Priesterseminaren die geistlichen Berater – Spirituäle – stellten. Eine andere Gruppe ist unter den Gemeindepriestern tätig, die für ihren aufreibenden alltäglichen Dienst geistliche Gesprächspartner suchen.

Berufsfeld Wissenschaft

Im Unterschied zum Jesuiten in der direkten Seelsorge muß sich einer, der wissenschaftlich erfolgreich tätig sein will, für die Dauer seines beruflichen Lebens auf sein Fachgebiet einlassen. Von den Aufgaben des Ordens her sind Theologie und Philosophie die Schwerpunkte wissenschaftlicher Tätigkeit.

Die meisten jungen Jesuiten treten zur unmittelbaren Seelsorge in den Orden ein. Daher ist es nicht selbstverständlich, daß immer genügend Leute im Orden sind, die sich für die verschiedenen Spezialgebiete der theologischen und philosophischen Wissenschaft interessieren und die nötige Begabung haben. Wissenschaftliche Arbeit bedeutet für sie eine indirekte Seelsorge und Hilfe für die Menschen. Sie fordert eine besonders konzentrierte und dauerhafte Anstrengung, da ihr „Erfolg“ nicht so leicht festzustellen ist wie bei der direkten Seelsorge.

Ordenseigene Hochschulen

Philosophisch-Theologische Hochschule St. Georgen	Frankfurt a.M.
Hochschule für Philosophie	München
Theologische Fakultät der Universität	Innsbruck
Päpstliche Universität Gregoriana	Rom

Darüber hinaus lehren deutsche Jesuiten vor allem an der

Sophia-Universität	Tokio
Philosophische Hochschule	Jakarta
Theologische Hochschule	Jogjakarta
Theologisch-Philosophische Hochschule	Pune/Indien

Philosophie und Theologie werden durch die Aussagen und Methoden anderer Wissensgebiete bereichert. In der Geschichte des Jesuitenordens sind deshalb Wissenschaftler der verschiedensten Fachbereiche keine Ausnahme. Begabungen werden berücksichtigt und gefördert. Entscheidend dabei ist, daß ein Jesuit nicht nur ein guter Fachmann auf seinem Spezialgebiet, etwa der Biologie oder der Psychologie ist, sondern daß er die Verbindung zur Theologie und Philosophie fördern kann und seine Kollegen in diesen Fächern anregt. Fachleute in naturwissenschaftlichen Gebieten, in den Geistes- und Sozialwissenschaften sind für den Dienst der Kirche heute wichtig. Die Praktiker der Seelsorge brauchen eine gründliche Theorie, Theoretiker brauchen die Erfahrungen der Praxis. Der Orden möchte diesen Austausch fördern. Die meisten Wissenschaftler des Ordens dozieren an eigenen Hochschulen. Einige sind aber auch an staatlichen Universitäten und Forschungszentren tätig.

Berufsfeld Jugend, Schule und Hochschule
Die Arbeit unter der Jugend ist ein typisches Beispiel dafür, daß der Orden von Anfang an nicht nur akute Notstände sah und

als „Feuerwehr" einsprang, sondern auch langfristige Konzeptionen entwickelte und verwirklichte. Über die Zielsetzung einer heutigen Jesuitenschule heißt es in einem Prospekt für die Eltern: „Ziel des Kollegs ist es, junge Menschen durch eine gründliche und zeitgemäße Ausbildung auf das Berufsleben vorzubereiten sowie sie zu persönlicher Entscheidungsfreiheit und zum Dienst an Gesellschaft und Kirche hinzuführen. Erziehung und Unterricht sind auf die gemeinsame Erarbeitung einer bewußten christlichen Glaubenshaltung ausgerichtet. Außer zum eigenen guten Fortkommen in Schule und Heim werden die Schüler auch zu sozialem Engagement angehalten."

Jesuitenschulen in Deutschland, Österreich und Skandinavien

Aloisiuskolleg, Bad Godesberg
Canisiuskolleg, Berlin
Kolleg Stella Matutina, Feldkirch
St.-Ansgar-Schule, Hamburg
Niels-Stensen-Kolleg, Kopenhagen
Collegium Aloisianum, Linz
Seminar St. Paul, Nürnberg
Kolleg St. Blasien, St. Blasien/Schwarzwald
Kollegium Kalksburg, Wien

An diesen Schulen sind einige Jesuiten als Fachlehrer, andere als Erzieher im Internat. Im Lehrerkollegium bilden die Ordensmitglieder gewöhnlich nur eine kleine Gruppe, die partnerschaftlich mit den Laien zusammenarbeiten.

In den letzten Jahrzehnten ist die Arbeit mit Jugendlichen – meist höhere Schüler – außerhalb der Schule als neue Chance erkannt worden. Traditionell arbeiten die Jesuiten dabei mit Schülergruppen. Das hat sich auch heute nur wenig geändert. Kristallisationspunkte für die Jugendarbeit sind Zentren, meist im Herzen von Großstädten. Sie sind gewissermaßen ein Marktplatz, auf dem sich Jugendliche treffen können, wo sie andere finden, mit denen sie diskutieren, spielen und nachdenken können. In diesen Jugendzentren arbeiten naturgemäß meist jüngere Jesuiten bald nach der Priesterweihe.

Jugendzentren

Die Größeren:
John-F.-Kennedy-Haus, Innsbruck
Caritas-Pirckheimer-Haus, Nürnberg
Mergener Hof, Trier

Ferner sind kleine Jugendzentren in

Basel	Frankfurt/M.	Karlsruhe	Münster
Berlin	Genf	Klagenfurt	Ravensburg
Bonn	Gießen	Köln	Wien
Bremen	Hamburg	Marburg	Zürich
Essen	Hannover	München	

Wenn die Jugendzentren erfolgreich arbeiten sollen, dann müssen sie auf Gruppenstrukturen aufbauen. Daher haben die meisten Zentren Gruppen der „Gemeinschaften Christlichen Lebens" oder des „Bundes Neudeutschland" als Basis. Dazu kommen Interessen- und Arbeitskreise.

Organisch an die Arbeit mit Jugendlichen schließt die Arbeit in den Hochschulgemeinden an. Auch hier versuchen die Jesuiten mit Arbeitskreisen und Gruppen die Anonymität der Hochschule zu überwinden und ein Stück Gemeinde erfahrbar zu machen. Die Seelsorge an Studenten versucht dem Auswahlprinzip des Ignatius zu entsprechen: nach ihm soll man sich besonders den Menschen widmen, die aller Voraussicht nach Einfluß auf andere Menschen und die Gesellschaft haben werden.

Die Arbeit unter Jugendlichen und Studenten fordert eine große geistige Beweglichkeit, die im herkömmlichen priesterli-

Jesuiten arbeiten an Hochschulgemeinden in

Basel	Göttingen	Linz	Wien
Berlin	Hamburg	Mannheim	Würzburg
Bern	Hannover	Marburg	Zürich
Darmstadt	Innsbruck	München	
Erlangen	Karlsruhe	Nürnberg	
Gießen	Konstanz	Stuttgart	

chen Berufsverständnis nicht immer leicht zu erreichen ist. Das Berufsfeld Jugend- und Studentenarbeit ist in besonderer Weise für denjenigen, der darin arbeitet, ein Ansporn, irgendwann in seinem Leben noch einmal auf eine andere Tätigkeit umzusteigen.

Berufsfeld Publizistik

Im Bereich der Publizistik Jesuiten zu finden nimmt kaum wunder. Die Bekanntheit des Ordens rührt häufig aus dieser Arbeit. Bei der wachsenden Zahl gedruckter Veröffentlichungen steuern auch die Jesuiten nicht geringe Anteile zur Bücherflut bei.

Im 19. Jahrhundert entwickelte sich aus der Forderung, sich mit den Liberalen auseinanderzusetzen, die Zeitschrift „Stimmen aus Maria Laach" ab 1865. Sie nannte sich seit ihrem Umzug nach München 1915 „Stimmen der Zeit". Die Zeitschrift wurde anfangs ausschließlich von Jesuiten geschrieben, hat heute aber den Autorenkreis weit über den Orden hinaus ausgeweitet. Anfang dieses Jahrhunderts entstanden Zeitungen und Zeitschriften für verschiedene Kreise von Katholiken: für Arbeitnehmer, Frauen, Kolpingsöhne u.a. Teilweise sind sie heute vergessen. Dafür entstanden andere neue. Zeitschriften sind ihrer Natur nach stark an ihre Zeit gebunden. Daher hielten sich nur wenige so lange wie die „Stimmen der Zeit".

Die Jesuiten sind in ihren Publikationen nicht an der Leine gehalten. Der einzelne soll bereit sein, sich durch die Gemeinschaft korrigieren zu lassen. Aber Dispute und Auseinandersetzungen im theologischen, kirchlichen, kulturellen und wissen-

Größere, von deutschsprachigen Jesuiten herausgegebene Zeitschriften

Interbrief – an dich – München
Der Entschluß – Wien
Die Katholischen Missionen – Bonn
Geist und Leben – München
Orientierung – Zürich
Stimmen der Zeit – München
Theologie und Philosophie – Frankfurt a.M.
Zeitschrift für Katholische Theologie – Innsbruck

schaftlichen Bereich sind wichtig. Andernfalls kann der Orden nicht ehrlichen und klärenden Anteil nehmen an den geistigen Auseinandersetzungen der Zeit. Entscheidend auch in der Publizistik der Jesuiten ist der Wille zur Wahrheit, zum Dienst und die Bereitschaft, die Grenzen der eigenen Sicht zu akzeptieren.

Eine noch junge Gruppe von Jesuiten im deutschsprachigen Raum arbeitet im Bereich Funk und Film. Darunter sind freie Autoren und Regisseure, kirchliche Beauftragte bei Rundfunk und Fernsehen sowie Mitarbeiter an kirchlichen Institutionen für Funk und Film.

Von deutschen Jesuiten wurden bekannter z. B. die Filme über die Klinik für Unheilbare in London, über die charismatischen Gruppen in den U.S.A. von R. Iblacker und über Behinderte in Deutschland von G. Heussen.

Berufsfeld der Brüder (Nichtpriester)

Im Jesuitenorden leben Priester und Nichtpriester in der gleichen Gemeinschaft, mit dem gleichen Lebensziel, mit der gleichen Berufung und manchmal mit den gleichen Berufsaufgaben. Die Nichtpriester oder „Brüder" arbeiteten bisher hauptsächlich im Innendienst des Ordens. In den letzten Jahren hat sich das Berufsfeld für Brüder erweitert. Sie tragen das gesamte Apostolat des Ordens mit.

Arbeitsgebiete der Brüder

Handwerk und Dienstleistung
Verwaltung und Finanzen
Erziehung und Katechese
Krankenpflege und Sozialarbeit
Architektur und Kunst
Mission und Entwicklungshilfe

Die meisten Brüder ermöglichen durch ihr handwerkliches Können sowie Dienste in Haus und Verwaltung, daß die Priester sich ohne Ablenkung ihren Aufgaben widmen können. Die Tendenz aber geht dahin, das Berufsfeld für Brüder ähnlich weit zu halten wie das der Priester.

Die Priesterweihe soll die brüderliche Gemeinschaft nicht in zwei Teile spalten. Sie bezeichnet eine spezielle kirchliche Auf-

Mario von Galli, Schriftsteller und Vortragsredner
Galli wurde 1904 in Wien geboren und ist vor allem durch seine Berichte und Vorträge über das Zweite Vatikanische Konzil in weiten Kreisen bekannt geworden. Er ist Mitherausgeber der „Orientierung".

gabe des Dienstes. Der Dienst des Handwerkers und Verwaltungsleiters ist auf seine Weise ebenso wichtig, wenn seine Tätigkeit nicht nur als Funktion, sondern eben als dienender Beitrag gesehen wird. Der Wille zum Dienen muß beim Priester der gleiche sein wie beim Nichtpriester. Leider ist die Einstellung, die Nichtpriester wirklich partnerschaftlich zu sehen, in der Praxis noch keine Selbstverständlichkeit. In der Theorie sind sie echte Partner. Die brüderliche Gleichheit bleibt ständige Aufgabe.

Berufsfeld Exerzitien und Gruppen

Die Exerzitien sind *die* geistliche Methode der Jesuiten. Jesuiten werden in Exerzitien zu dem, was sie sind. Daher ist verständlich, daß sie die Methode, mit der sie selbst gute Erfahrungen gemacht haben, im Dienst am Glauben anderer einsetzen. Es gab und gibt bis heute Jesuiten, die als Haupttätigkeit Exerzitien geben. Die Tendenz geht jedoch dahin, daß jeder Jesuit, gleich welchen Beruf er sonst hat, mitunter Exerzitien gibt, als besondere Verwirklichung seiner religiösen Berufung und Bereicherung der alltäglichen Berufsarbeit.

Einige Jesuiten widmen sich Gruppen von Laien. Seit dem 16. Jahrhundert waren das besonders die „Marianischen Kongregationen". Heute sind es vor allem die „Gemeinschaften Christlichen Lebens" (GCL), die an vielen Orten rund um die Welt von Jesuiten gegründet werden. In den Grundsätzen der GCL heißt es: „Als Glieder des Volkes Gottes sollen wir in Wort und Tat Zeugen Christi unter den Menschen sein. Unsere vordringliche Aufgabe ist es, uns für die Erneuerung und Heiligung der weltlichen Ordnung einzusetzen... So drängt uns unsere Gemeinschaft, an der Verbesserung unserer Gesellschaftsstrukturen mitzuarbeiten, z.B. Unterdrückten und Diskriminierten zu ihrem Recht zu verhelfen und die Spannungen zwischen Reich und Arm vor allem innerhalb der Kirche zu vermindern. Diese

Exerzitienhäuser

Haus Maria Frieden	Berlin
Bad Schönbrunn	Edlibach/Schweiz
Bildungshaus	Wien

Haltung des Dienstes für Gerechtigkeit und Frieden muß sich ausrichten an der Botschaft vom armen und erniedrigten Christus und wird durch sie ständig belebt." Eine ökumenische Laienbewegung mit vielen Basisgruppen ist die „action 365", in der einige Jesuiten mitarbeiten.

Berufsfeld Ausland

In den Satzungen der Gesellschaft Jesu heißt es in dem Kapitel über die Verteilung der Ordensmitglieder: „Wir sollen uns überallhin, unter Gläubige oder Ungläubige begeben, wohin uns der Papst zur größeren Ehre Gottes und zum Heil der Seelen zu schicken für gut befindet." Und anderswo: „Unsere Berufung ist es, verschiedene Orte zu durchreisen." Tatsächlich gehörte die Missionstätigkeit zu den ersten Gründungsabsichten der Gesellschaft Jesu.

So ist es nicht verwunderlich, daß die Gesellschaft Jesu der größte Missionsorden der katholischen Kirche geworden ist. Rund 6000 Jesuiten arbeiten in Ländern, die man als Missionsländer bezeichnen kann. Etwa 170 der deutschsprachigen Jesuiten sind als Missionare in Japan, Indien, Indonesien und Rhodesien.

Bei der Missionsarbeit geht es heute nicht nur um die Taufe von Nichtchristen, sondern auch um die Berührung einer fremden Kultur mit dem Geist des Evangeliums. Es geht um die Einpflanzung des Christentums in ein Volk, das davon noch nicht – oder nicht mehr? – berührt ist. Das Evangelium will vor allem frohe Botschaft an die Armen sein. Die Zahl der armen Menschen ist im Wachsen, für die eine Botschaft der Hoffnung ganz konkrete Bedeutung hat, da viele Zeichen der Zeit auf Hoffnungslosigkeit stehen. Die frohe Botschaft ist also auch heute Hilfe gegen Resignation und Fatalismus. Wenn Mission aber nicht Opium sein soll, kann Hoffnung nur dort gebracht werden, wo die Verkündiger dieser Hoffnung auch materielle Hilfe bringen, sozialen und notfalls politischen Einsatz einkalkulieren. Nur so kann ihre Sorge um den ganzen Menschen glaubhaft sein.

In manchen Ländern ist die Nachfrage nach Taufunterricht groß. Das fördert die Möglichkeit, kritisch zu fragen nach den Motiven und hohe Anforderungen an das katechetische Wissen zu stellen.

Wenn heute einer in Deutschland Jesuit wird, gliedert er sich nicht nur einer nationalen Gruppe ein, sondern auch einer internationalen. Streng genommen tritt man nie in eine Ordensprovinz ein, sondern immer in den Orden als Ganzen. Dies erfordert nicht nur eine geistige, sondern auch eine örtliche Beweglichkeit der Mitglieder. Bei der wachsenden internationalen Verflechtung wird diese Beweglichkeit für die Arbeitschancen des Ordens fruchtbar. Allerdings schränkt die wachsende Spezialisierung in einzelne Arbeitsgebiete diese Beweglichkeit wiederum ein.

Missionsgebiete deutschsprachiger Jesuiten

China: Mission auf Taiwan
Indien: in der Provinz Maharashtra, Pune und Goa
Indonesien: auf Java und Buru
Japan: vor allem in Tokio, Hiroshima, Kamakura, Kobe
Rhodesien: Sinoia Mission am Sambesi

Die Jesuiten, die in Skandinavien arbeiten und vor allem aus der Niederdeutschen Provinz stammen, sehen sich weniger als Missionare, denn als Priester in einer weitgehend atheistischen Umgebung. Daher liegt der Arbeitsschwerpunkt dort einerseits auf der Pfarrei mit der Sorge für die Katholiken, andererseits auf der wissenschaftlichen Auseinandersetzung mit weltanschaulichen Fragen. Vor allem an den Universitäten in Göteborg, Uppsala, Kopenhagen und Aarhus.

Zum Berufsfeld Ausland zählen wir hier auch die Arbeit deutschsprachiger Jesuiten an den päpstlichen wissenschaftlichen Instituten in Rom. Neben Jesuiten aus vielen Ländern dozieren traditionsgemäß eine Reihe deutschsprachiger Jesuiten an der Päpstlichen Universität „Gregoriana", am „Bibelinstitut", am „Collegium Orientale" und am „Collegium Russicum". Jesuiten leiten in Rom vor allem das „Collegium Germanicum", ein Priesterseminar für deutsche Theologen, die an der päpstlichen Universität studieren.

Berufsfeld Innendienst

Der Dienst in Leitung, Organisation und Verwaltung des Ordens ist eine ebenso notwendige wie opfervolle Arbeit hinter den Kulissen. Bedeutet er doch in den meisten Fällen, daß man sich nicht direkt apostolischen Aufgaben widmen kann, für die man

Werner Ruffing, Missionar in Indonesien
Ruffing ist 1928 in Amberg/Oberpfalz geboren. Er arbeitete zunächst als Studentenpfarrer in Erlangen, bis er 1969 nach Indonesien fuhr, um dort auf einer völlig abgelegenen Insel als Missionar tätig zu werden.

eingetreten ist; daß man seine eigenen Berufsinteressen zurückstellen muß und sich vornehmlich darum kümmert, daß die anvertraute Gruppe zusammenhält. Es ist jedoch nicht üblich, daß ein Jesuit sein Leben lang im Innendienst bleibt. Die Haus- und Provinzobern werden im Rhythmus von sechs Jahren gewechselt, so sieht es die Satzung vor. Auch Verwaltungsspezialisten sind meist nur eine begrenzte Zeit in diesem Gebiet tätig.

Aufstieg und Karriere im Orden sind, im Unterschied zur Verwaltung anderswo, keine Maßstäbe für die Einstellung der Mitglieder. Das gilt auch für andere Berufsfelder. Ein Denken in Laufbahnen braucht ein Jesuit gar nicht erst zu entwickeln.

Aufgaben im Innendienst

Ausbildung:	Novizenmeister und Leiter des Terziats
Leitung:	Haus- und Provinzobere
Organisation:	Verwaltungsleiter von Häusern, Provinzen und der Zentrale in Rom, Assistenten und Berater des Generalobern.
Dienstleistungen:	Handwerker, Archivar, Bibliothekar usw.

Berufsfeld Erwachsenenbildung

Neben der klassischen Seelsorge und der Jugendarbeit spielt die außerberufliche religiöse Bildungsarbeit unter Erwachsenen in den letzten Jahrzehnten eine immer größere Rolle. Mitglieder des Ordens, die das frühzeitig erkannten, begannen zunächst in eigener Regie und ohne große Unterstützung seitens des Ordens Zentren, in denen sich Erwachsene theologisch und religiös weiterbilden konnten. Inzwischen sind daraus eine Reihe von Institutionen geworden, die teilweise dem Orden gehören, zum größeren Teil aber den Diözesen. An der Hochschule für Philosophie in München wurde ein Lehrgang für Erwachsenenpädagogik begonnen.

Ein solches Haus der Erwachsenenbildung formulierte einmal sein Programm: „Wir verstehen unsere Akademie als ein von der Kirche geschaffenes freies Podium (nicht Kanzel) für die geistige Auseinandersetzung mit den Problemen menschlicher Existenz; ein Podium, auf dem, falls möglich, Christen den Beitrag des

Erwachsenenbildungsstätten

Bad Schönbrunn, Edlibach
Akademie für Erwachsenenbildung, Köln
Heinrich-Pesch-Haus, Ludwigshafen
Caritas-Pirckheimer-Haus, Nürnberg
Soziales Bildungshaus, Wien
Ferner gibt es Erwachsenenbildungs-Einrichtungen in:

Aachen	Brixen	Hannover
Berlin	Darmstadt	Trier

Glaubens und der Kirche in die gemeinsamen Bemühungen zur Lösung der anstehenden Fragen einbringen."

Wovon leben die Jesuiten?
Die Jesuiten sollen sich bemühen, hauptsächlich von ihrer Hände bzw. ihres Geistes Arbeit zu leben. Erst an zweiter Stelle sollen sie Spenden und Almosen erbitten. Die Mitglieder der Gesellschaft Jesu im deutschen Sprachraum sind meist „freiberuflich" tätig oder in einem festen Vertragsverhältnis mit einer kirchlichen oder staatlichen Institution. Der Orden schließt für sie mit dieser Institution einen Vertrag ab und erhält ein entsprechendes Entgelt. Aus diesem Vertragsverhältnis entsteht jedoch keine Rentenberechtigung, da kein persönlicher Arbeitsvertrag abgeschlossen wird. In den letzten Jahren wuchs die Zahl derer, die in dieser Form eines Gestellungsvertrages arbeiten. Er sichert zwar einerseits die Kontinuität der Arbeit, mindert jedoch andererseits die Beweglichkeit.

Eine große Zahl von Jesuiten arbeitet „freiberuflich". Dazu gehören u. a. diejenigen, die Kurse geben oder als Autoren tätig sind. Sie bekommen für ihre Arbeit Honorare. Wieder andere, z. B. die Professoren an den ordenseigenen Hochschulen und alle im Innendienst Tätigen, beziehen weder Gehalt noch Honorar. Sie leben von den Einkünften der anderen oder von Spenden. Die Studenten im Orden leben ausschließlich von den Einkünften des Ordens und von Spenden. Sie brauchen bei ihrem Eintritt keine Ausbildungsbeihilfe mitzubringen. Der Orden kommt für ihren Unterhalt und ihre Ausbildung auf. Dadurch sind sowohl sie als auch der Orden frei von Verpflichtungen.

Alle Gelder, die ein Jesuit verdient, fließen in die Gemeinschaftskasse des Hauses, zu dem er gehört. Auch wenn die Beiträge des einzelnen in diese Kasse sehr unterschiedlich sind, soll doch keine Arbeit danach beurteilt werden, was sie einbringt. Meistens wissen die Bewohner eines Hauses gar nicht, wieviel der andere in die Gemeinschaftskassen einbringt. Der Orden ist den einzelnen gegenüber zu Lebensunterhalt verpflichtet.

Nach dem evangelischen Ideal der apostolischen Armut versucht der Orden, genügsam zu leben. Jedoch hat diese Genügsamkeit ihre Grenze an den apostolischen Notwendigkeiten, die Geld kosten. Als die Gesellschaft Jesu gegründet wurde, war es einfacher zu bestimmen, was genügsam sei und was nicht. Bei der heutigen Güterfülle und den technischen Möglichkeiten ist das schwieriger. Auch sind die Bedürfnisse des einzelnen je nach seiner Arbeit unterschiedlich. In den letzten Jahren hat es in der Gesellschaft Jesu heftige Diskussionen darüber gegeben, wie man gemeinschaftlich nicht nur über die Art der Einnahmen, sondern auch über die Ausgaben entscheiden könne. Dazu wurden auf internationaler Ebene verschiedene Modelle entwickelt. Im deutschsprachigen Raum wurde für Studenten des Ordens eine Regelung gefunden, nach der ihnen ein monatlicher Betrag zur Abrechnung zugeteilt wird. Aus diesem müssen sie ihre Ausgaben bestreiten. Früher erhielten sie für jede Einzelausgabe den entsprechenden Betrag.

Der Orden will die Arbeiten unabhängig von wirtschaftlichen Gesichtspunkten auswählen. Materielle Vorteile dürfen keine Rolle spielen. Die Arbeit des einzelnen muß danach beurteilt werden, ob sie notwendig ist oder nicht. Das schafft einen wachsenden Raum von Freiheit.

Die Jesuiten seien sehr reich – so geht es in regelmäßigen Abständen durch die Presse. Was ist wahr daran?

Selbstverständlich hat eine Organisation, die Hochschulen und Zeitschriften unterhält, die Missionsaufgaben und wissenschaftliche Projekte durchführt, eine große Menge Geld. Alle genannten Einrichtungen und Unternehmungen sind nicht gewinnbringend, sondern müssen jährlich mit riesigen Kosten unterstützt werden. Diese Mittel müssen aufgebracht werden. Im deutschen Sprachraum kommt vieles auf die obengenannte Weise herein. In den meisten anderen Ländern ist man mehr auf Spenden angewiesen, auch wenn grundsätzlich die Regelung besteht, daß man von seiner Hände Arbeit leben soll.

Angesichts der Aufgaben des Ordens – man denke auch an die rund acht Studienjahre jedes einzelnen Jesuiten – ist die Finanzdecke des Ordens sogar sehr gering. Übrigens gibt es keine gemeinsame Kasse des ganzen Ordens. Jedes Haus ist autonom und gibt einen regelmäßigen Betrag an die Provinzleitung ab. Diese hilft ihrerseits nach Möglichkeit der Gesamtleitung des Ordens.

Gerade aus der Breite der Berufsfelder innerhalb des Jesuitenordens wird deutlich, daß eine Gemeinschaft ihre Kraft nicht vornehmlich aus ihren Spitzenkräften entwickelt, sondern aus der überlegten Koordination vieler durchschnittlich und solide arbeitenden Mitglieder. Schwächere Punkte eines einzelnen lassen sich dadurch leichter ausgleichen. Der Wechsel von einem Berufsfeld ins andere ist auch bei hoher Spitzenleistung nicht unmöglich. Die Faszination und auch die Furcht, die der Jesuitenorden auf manche außenstehende Betrachter ausübt, kann durchaus damit zusammenhängen, daß es einer flexibel arbeitenden und lebenden Gemeinschaft leichter fällt, die Stärken ihrer Mitglieder zu betonen und die Schwächen auszugleichen.

7. Geistliche Struktur und Gelübde

Was ist ein Jesuit? Welche Kräfte bewegen sein Leben? Wo hat dieses Leben seine Mitte? Was sind die wichtigsten Züge im Profil eines Jesuiten?

Es soll versucht werden, auf solche Fragen eine Antwort zu geben. Die Antwort wird aus mehreren Quellen gespeist. Persönliche Sicht und Erfahrung des Schreibers färben die Antwort. Die Geschichte des Ordens – gerade auch die seit dem Zweiten Vatikanischen Konzil – spricht mit. Vor allem soll der Blick auf die Ursprünge, auf Ignatius von Loyola und seine ersten Gefährten, helfen, auf die erwähnten Fragen eine Antwort zu finden.

Jesus: die Mitte

Ohne Zweifel hat das Leben des Jesuiten mit Jesus zu tun. Auf ihn schaut er, von ihm läßt er sich inspirieren, mit ihm ist er verbunden, von ihm wird er beunruhigt, seine Anliegen will er aufnehmen. Je lebendiger einer Jesuit ist, um so mehr wird er von Jesus bewegt. Jesus ist die Mitte.

Das Leben des Jesuiten ist darum ein Leben des Glaubens.

Denn der Jesuit besitzt zu Jesus keinen Sonderzugang, sondern lebt – wie jeder Christ – vor ihm im Licht und Dunkel des Glaubens; so sucht er Jesus, findet ihn, wird angefochten, erfährt Ermutigung.

Der Name ‚Gesellschaft Jesu'
Jesuiten gibt es nicht nur als einzelne, sondern die Jesuiten bilden eine Gemeinschaft. Ignatius von Loyola, ihr Gründer, hat daran festgehalten, seiner Gruppe den Namen „Gesellschaft Jesu" zu geben. Er tat es nicht aus Überheblichkeit, sondern aus dem Wissen, diesem Jesus alles zu verdanken; er tat es aus der Überzeugung, von Gott dem Vater Jesus zugesellt zu sein. Diese Überzeugung teilten die ersten Gefährten. Diese Überzeugung ging in das Selbstverständnis der Jesuiten ein.

Ursprung in Erfahrung
Das Christusverhältnis des Jesuiten ist stark vom Christusverhältnis des Ignatius geprägt. In den sogenannten „Geistlichen Übungen" – auch „Exerzitien" genannt – hat Ignatius in gewisser Weise seinen eigenen Lebensweg nachvollziehbar gemacht. Genauer: er hat einen Weg angegeben, auf dem jeder Gläubige den *eigenen* Weg vor Gott finden kann. Aber wie Ignatius diesen Weg führt, das verrät seine Vorlieben, seine persönliche Art des Glaubens, seinen eigenen Blick auf Christus.

Es ist von großer Bedeutung, daß der Jesuit zweimal im Leben diese Exerzitien, die 30tägigen Großen Exerzitien macht: am Beginn seiner Ausbildung und nach ersten Erfahrungen in der Arbeit. 30 Tage ‚stellt' er sich Gott, betrachtet, meditiert, was Jesus sagte und tat. Das *Exerzitienbuch* ist die Niederschrift der Anleitung, wie sie Ignatius gab und zugleich das Echo seiner Glaubenserfahrung. Dieses Buch ist deshalb kein Lese-Buch, sondern ein Übungs-Buch. Man muß schon *tun,* selber erproben, was da geraten wird; nur so kann man selber erfahren. In dieser persönlichen Erfahrung wird der Jesuit. Er erfährt, daß ihn persönlich bewegt, was Ignatius bewegte: die „größere Ehre Gottes" und das „Heil der Seelen" – wir könnten in heutiger Sprache sagen: Gott und das Glück des Menschen.

Für Ignatius ist Gott der Lebendige, der uns anruft, bejaht, liebt, fordert, sucht, überführt, ermutigt. Wer Exerzitien in ihrer vollen Gestalt macht, soll Christus – so will es Ignatius in seiner Anleitung – ernsthaft bitten, „nicht taub zu sein für seinen Ruf,

Rupert Mayer, Seelsorger und Glaubenszeuge
Geboren 1876 in Stuttgart, war Rupert Mayer lange Zeit Männerseelsorger, vor allem für die Männerkongregation in München. Wegen seiner politischen Predigten ab 1939 in Gefangenschaft und Internierung. Er starb 1945. Das Bild: in der Haft.

sondern schnell und bereitwillig für seinen Willen" (Geistliche Übungen Nr. 91). Deckt nicht die charismatische Bewegung unserer Tage diese Dimension der Erfahrung und des Anrufs der Be-Rufung neu auf?

Zug zum Ganzen

Typisch für Ignatius ist dieses „schnell und bereitwillig". Es ist Ausdruck seiner Entschiedenheit zum Ganzen. Er spricht in den Exerzitien von der Großmut, die einzig vor Gott passe; ihn drängt eine Liebe, die immer *mehr* dienen will. „Mehr" – Latein „magis" – ist bei Ignatius ein häufiges Wort.

Der lebendige, den Menschen übersteigende Gott, der sich in Jesus Christus ebenso überwältigend uns zuwendet, hat es Ignatius angetan. Überwältigt von solcher Liebe kennt er nur noch die Bereitschaft hochherzigen Dienens. Ignatius hat diese Hochherzigkeit als immer neu zu erringende – und zu erbittende – Forderung seinem Orden vermacht. Sie schlägt sich in dem Wahlspruch „Alles zur größeren Ehre Gottes" nieder; sie soll zu unermüdlichem seelsorglichem Einsatz führen. Vielleicht müssen wir heute neu entdecken, daß niemand, der sich wirklich Gott ganz übereignet, dem Menschen etwas nimmt, daß Leidenschaft für Gott zu den Heilkräften gerade unserer Zeit gehört.

Ruf zur Mitarbeit

Der Ruf Gottes hat nun für Ignatius eine eigene Richtung. Diese Richtung zeigt seine besondere Berufung an. Diese Richtung wird auch für den Jesuiten bestimmend. Ignatius läßt den, der sich auf den Weg der Exerzitien einläßt, betend fragen: „Was habe ich für Christus getan? Was tue ich für Christus? Was soll ich für Christus tun?" (Geistliche Übungen Nr. 53). Die Begegnung mit Christus ist bei Ignatius eine Frage des Mit-Tuns. Es bewegt ihn, daß Gott für uns etwas tut, daß er uns nicht abwartend gleichgültig gegenübersteht, sondern für uns etwas unternimmt. Dieses Unternehmen Gottes ist das Leben Christi. In Christus hat sich Gott zu unserem tiefsten Glück mit uns solidarisiert. Dafür ist Ignatius unendlich dankbar. Und seine Dankbarkeit wird zur Bereitschaft, bei dem Unternehmen „Christus" mitzumachen – „wenn deine heiligste Majestät mich zu solchem Leben erwählen will" (geistliche Übungen Nr. 98). Ignatius erfährt sich dazu berufen. Dem Jesuiten widerfährt ähnliches.

> Es gibt sehr wenig Menschen, die ahnen, was Gott aus ihnen machen würde, wenn sie sich selbst verleugneten und sich Jesus Christus, dem Herrn, ganz hingäben, damit Er ihre Seelen in seinen Händen forme.
>
> *Ignatius von Loyola*

Apostolische, seelsorglich tätige Lebensweise

Im Jesuitenleben ist *alles* auf dieses Mitarbeiten, auf die Seelsorge, auf apostolisches Tun ausgerichtet. Der Jesuitenorden ist ein „tätiger Orden", im Unterschied zu den sogenannten „kontemplativen Orden", die das Apostolat des Gebetes betonen. Jesus in seiner öffentlichen Tätigkeit, in seiner Predigt für das Volk und seinem Umgang mit den Armen und Verlassenen seiner Zeit ist das Vorbild des Ignatius.

Deshalb wollte Ignatius keine Klöster, wo man für sein ganzes Leben sein wird – so sehr er um die Strahlkraft solcher Stätten des Glaubens wußte. Er zog der Stabilität die Mobilität vor. Der Jesuit soll ohne zu große Hindernisse eine Tätigkeit verlassen und sich einer dringenderen Aufgabe zuwenden können.

Mobilität verlangt Verfügbarkeit. Um jederzeit verfügbar zu sein, verzichtete Ignatius auf jene Gebetsstunden, in denen die Mönche seiner Zeit – und auch die Mönche heute – sich gemeinsam zum Gotteslob regelmäßig in der Kirche versammeln. Ignatius schätzte diese Heiligung des Tages – für seinen Orden aber wünschte er dieses sogenannte Chorgebet nicht.

Ebenso verzichtete er auf eine eigene Kleidung seiner Gefährten, wie das Mönchsgewand es ist. Der Jesuit soll sich den Gepflogenheiten der Kirche seiner Zeit anschließen. Für den Lebensstil seines Ordens wünschte Ignatius Einfachheit, Schlichtheit, Unauffälligkeit, ein „gewöhnliches Leben", wie er sagt. Die Fähigkeit, sich anzupassen, wo die Seelsorge das verlangt – ohne den Geist Christi zu verleugnen. Dies alles ist immer neue Aufgabe.

Aktiv und doch kontemplativ

Das religiöse Leben des Jesuiten verlegt sich bei dieser Eigenart stark in die persönliche Christusverbundenheit und in das apostolische Tun. „In der Aktion kontemplativ leben" heißt eine Kurzformel des Jesuitenlebens: bei allem Tun mit Gott verbunden leben. Das ist ein hohes Ziel, aber kein unmögliches Ziel. Eigentlich sollte so das Leben eines jeden Christen aussehen. Er soll ja als Gläubiger mitten in einem weltlichen Leben „fromm“ sein. So ist es nicht verwunderlich, daß die Art des religiösen Lebens, wie Ignatius sie anregte, der Laienfrömmigkeit bedeutende Impulse gegeben hat.

Miteinander leben und arbeiten

Der Jesuit lebt und arbeitet nicht allein – auch dann nicht, wenn er auf einem „Einzelposten“ steht.

Im Jahre 1539 stellte sich der Freundeskreis um Ignatius die Frage, ob er zusammenbleiben sollte. Die Freunde entschieden: Ja! – Auch wenn der Papst sie in verschiedene Gegenden senden würde, wollten sie weiter eine Gemeinschaft bilden. Sie wollten den apostolischen Dienst tun in der Verbundenheit mit den anderen. Diese Entscheidung war ein wesentlicher Schritt auf dem Weg zum Orden.

Überall in der Kirche ist heute ein Zug zur kleinen Gemeinschaft spürbar, hin zur übersichtlichen Gruppe. Auch bei den Jesuiten ist das so. Manches, was im ursprünglichen Freundeskreis des Ignatius lebendig war – es war zu Beginn ja nur eine kleine Schar! – und beim zahlenmäßigen Anwachsen des Ordens zum Teil zurücktrat, drängt sich wieder nach vorn. Austausch gemeinsamer Erfahrungen, Überlegen und Entscheiden in der Gruppe, aus gemeinsamem religiösen Suchen heraus, bewußt gelebte Brüderlichkeit spielen heute eine größere Rolle als noch vor 20 Jahren. Und es paßt in die Landschaft des Ignatius.

Nehmen wir die Frage neu auf: Wer ist ein Jesuit?

Wir können jetzt genauer antworten: einer, der erfahren hat, daß er bei der Aufgabe Christi mitarbeiten darf, daß dieser Dienst sein Leben sein soll, und der das zusammen mit Gleichgesinnten in Gottverbundenheit und möglichst totaler Verfügbarkeit zu verwirklichen trachtet.

Ehelose Liebe

Wer so zu leben versucht, gerät in ein neues Verhältnis zu Christus. Das, was Christus getan hat, nimmt ihn total in Anspruch. Die Anliegen Christi bewegen ihn. Dieser Jesus und sein Werk beginnen den „ganzen Mann“ zu fordern. So kann sich ein Verhältnis entwickeln, das einen Menschen so ähnlich an Christus bindet, wie ein in der Ehe geliebter Mensch seinen Partner einfordert. Die Ausschließlichkeit der Hingabe, die Gott von uns fordert, überschwemmt diesen Menschen gleichsam und reißt ihn hinein in ein Leben, von dem es im Evangelium heißt: „Es gibt Menschen, die sich eheunfähig gemacht haben um des Himmelreiches willen. Wer es fassen kann, der fasse es" (Mt. 19,12). Beim apostolisch tätigen Jesuiten zeigt sich diese Berufung meist von der „schlichten" Außenseite: ganz und jederzeit und für jeden Seelsorgsdienst bereit und frei zu sein. Aber diese „Außenseite" lebt von der „Innenseite": aus dem von Christus kommenden radikal-ausschließlichen Anruf.

Dabei weiß der so von Christus Gerufene durchaus um seine Menschlichkeit. Er übersieht die eigene Schwäche nicht – er erfährt sie. Aber er traut Gott, vertraut sich ihm immer wieder an.

Gebet der Hingabe – aus den Exerzitien

Nimm hin, o Herr, meine ganze Freiheit. Nimm an mein Gedächtnis, meinen Verstand, meinen ganzen Willen. Was ich habe und besitze, hast Du mir geschenkt. Ich stelle es Dir wieder ganz und gar zurück und übergebe alles Dir, daß Du es lenkest nach Deinem Willen. Nur Deine Liebe schenke mir mit Deiner Gnade, und ich bin reich genug und suche nichts weiter.

Für Ignatius war die Ehelosigkeit kein Problem. In den Satzungen schreibt er ganz kurz: „Was das Gelübde der Ehelosigkeit betrifft, bedarf keiner Ausdeutung ... Darum soll gleich vom Gehorsam die Rede sein" (Satzungen Nr. 547). Er fand sie als Lebensform der Orden in der Tradition vor *und* erfuhr, daß dies von nun an *seine* Weise zu leben sei. Auch heute übernimmt einer, der Jesuit wird, diese Lebensform aus der Tradition des Ordens; aber er kann und darf das nur, wenn er persönlich erfährt: diese Lebensweise paßt zu *mir*, ist Ruf für *mein* Leben, ist Gestalt *meiner* Liebe. Das ist heute schwerer als zur Zeit des Ignatius.

Ehelos leben bedeutet übrigens auch Solidarität mit Menschen, die zwar heiraten möchten, aber aufgrund verschiedener Umstände keinen Partner haben. Sie werden durch das Leben der freiwillig Ehelosen darauf hingewiesen, daß der Sinn menschlichen Lebens bei aller Größe ehelicher Liebe über diese Liebe hinausreicht. Das kann ihr Leben ermutigen.

Der „um des Himmelreiches willen“ ehelos lebende Christ darf – aus Gnade – an der Art des Lebens Jesu teilnehmen. Er lebt ehelos – wie Jesus.

Arm wie Jesus

Ignatius hat – wie alle Ordensgründer – für die Lebensweise seiner Gruppe vieles am Leben Jesu abgelesen. Ihm fällt auf, daß Jesus nicht in einer begüterten Familie zur Welt kam, sondern in einfache Verhältnisse hineingeboren wurde, daß er in seiner Predigttätigkeit ein bescheidenes, ja armes Leben führte, daß er zur Erreichung seiner Ziele keine menschlichen Machtmittel gebrauchte. Und schließlich: daß er bei vielen unverstanden blieb, ausgelacht wurde und daß sein Leben am Kreuz endete – und das für *uns!* – wie Ignatius immer wieder betont.

Ignatius wollte deshalb – wie schon viele Christen vor ihm – nicht nur mit Christus leben, sondern *wie* Christus leben: er wollte arm sein, auf Machtmittel verzichten, ganz der Sorge Gottes preisgegeben sein. In der Nähe des armen Jesus konnte er nicht reich bleiben. Der Jesuit soll das Wort Christi: „Geh hin, verkaufe alles, was du hast und gib es den Armen ... dann komm und folge mir nach“ (Mk. 10,21) ausführen. Dieses Ideal geht den Jesuiten von heute sehr nahe – und bringt sie zugleich in große Verlegenheit. Es stößt sich nämlich mit einem anderen Ideal: *alles* für Christus in Dienst zu nehmen. Alles? z.B. auch Flugreisen – die sich kein heute Armer leisten kann? Auch wissenschaftliche Institute – findet man dort die Armen? Auch Videorecorder und teuere Bücher – die wir ebenfalls bei den Armen unserer Tage vergeblich suchen? Auch einen Lebensstil, den Jesuiten mit Mitarbeitern, die keine Ordensleute sind, teilen, der aber oft nicht der Lebensstil von wirklich Armen ist? Schon für Ignatius stellte sich dieses Problem, als der Orden begann, Schulen zu übernehmen.

Wir treten Ignatius kaum zu nahe, wenn wir sagen, daß er dieses Problem trotz aller Armut nicht voll gelöst hat. Für den Jesuiten gilt auch heute: er darf nichts als Eigentum besitzen; was er verdient, bekommt die Gemeinschaft. Ein Jesuit, der Universitätsprofessor ist, lebt im Vergleich zu seinen Kollegen bescheiden. Aber er lebt besser als sein Mitbruder in den Slums von Chikago. Die Arbeit hat Einfluß auf den Lebensstil. Das Wort

Armut trifft heute leider den in den Orden der Kirche gemeinten Sachverhalt meist nicht mehr – auch nicht mehr recht das, was im Evangelium Armut heißt. Und doch ist es schwierig, ein eindeutig besseres Wort zu finden.

Solidarität mit den Armen

Für einen Jesuiten ist es eine gute Ausrichtung, für Menschen zu arbeiten, die ihn vor allem brauchen; sich denen zuzuwenden, die auf der Schattenseite des Lebens stehen. Heute mögen das Menschen der Dritten Welt sein, Gastarbeiter, auch Jugendliche, die so oft führungslos sind, mit der quälenden Frage nach dem Sinn ihres Lebens allein gelassen. Ignatius verpflichtet seinen Orden zur „Unterweisung von jungen Menschen und einfachen Leuten im Christentum" (Grundformel des Ordens Nr. 1).

Den derzeitigen Generaloberen des Ordens, P. Pedro Arrupe, bewegen diese Fragen ganz besonders. Und doch betont gerade er die Wichtigkeit auch der theologischen, philosophischen, sozialen Forschung, damit der Jesuit am Ende wirklich vielen effektiv helfen könne.

Offenes Leben

Es ist für den Jesuiten auch eine hilfreiche Leitlinie der Armut, *so* zu leben, daß die Leute sich bei ihnen wohlfühlen, gerne zu ihnen kommen, offene Türen bei ihnen finden. Vielleicht rühren wir hier sogar an ein Geheimnis der Armut Jesu. Hat er nicht auch deshalb arm gelebt, weil er zeigen wollte, daß Umkehr und Liebe und Barmherzigkeit, um die er wirbt, nicht mit aufwendigen Mitteln „gemacht" werden können? Hat seine Armut nicht dafür gesorgt, daß die Botschaft des Evangeliums unverfälscht erklang und die, die sie hören sollten, nicht durch Nebeninteressen abgelenkt wurden?

Selbst zurücktreten

Ablenken kann der Jesuit auch durch sich selbst. Dann spielt er den vermeintlichen „Reichtum" seines Ich hoch. Dann verstellt er den Blick auf das Evangelium. Das hat Ignatius genau erkannt.

In den Exerzitien besteht er darum auf diesem Punkt mit Nachdruck: „Das soll ein jeder bedenken, daß er in allen geistlichen Dingen – d.h. als Christ – nur weiterkommt, soweit er aus seiner Eigenliebe, seinem Eigenwillen und seinem Eigennutz herausspringt" (Geistliche Übungen Nr. 189). Ignatius möchte den Exerzitanten als freien Menschen haben, der die Last des Egoismus abgeschüttelt und so ein wesentliches Hindernis eines reichen und fruchtbaren Lebens weggeräumt hat.

Um Großmut

Ewiges Wort, eingeborener Sohn Gottes!
Lehre mich die wahre Großmut. Lehre mich, Dir dienen, wie Du es verdienst: Geben, ohne zu zählen, kämpfen, ohne der Wunden zu achten, arbeiten, ohne Ruhe zu suchen, mich hingeben, ohne Lohn zu erwarten. Mir genüge das frohe Wissen, Deinen heiligen Willen erfüllt zu haben.

Bei Jesus führte die Konsequenz, mit der er zu seiner Überzeugung und seiner Predigt stand, langsam in die Katastrophe: Sie brachte ihm Feindschaft, Gefangennahme, Leiden und Tod. Ignatius erfaßt klar, daß dem konsequent lebenden Christen leicht ähnliches widerfährt; zwar meist nicht gleich Leiden und Kreuz, wohl aber mitleidiges Lächeln, verbaute Karrieren, Nachteile.

Ignatius aber sieht die Solidarität mit diesem geschmähten, zurückgesetzten Christus als Ehre an. Darum kann er folgenden Text für Kandidaten, d.h. für Bewerber um Aufnahme ins Noviziat, schreiben: „Sehr wichtig ist es, die Kandidaten darauf hinzuweisen und ihnen ans Herz zu legen und in seiner ganzen Bedeutung vor Gott unserem Herrn vorzustellen, in wie hohem Maß es im geistlichen Leben hilfreich und förderlich ist, gänzlich und nicht teilweise alles zu verabscheuen, was die Welt (d.h. die Welt, die Christus nicht kennt oder ablehnt) liebt und umarmt, und alles das zuzulassen und mit allen Kräften, mit denen man es vermag, zu ersehnen, was Christus unser Herr geliebt und umarmt hat" (Examen generale Nr. 101). Hinter diesem Text steht ein ganz von Christus ergriffener, liebender Mann. Für den Kandidaten weist dieser Text auf ein hohes Ziel hin. Ignatius selbst weiß das und fährt deshalb fort: „Wo der Kandidat sich wegen unserer menschlichen Schwachheit und eigenen Armseligkeit nicht in einem solch brennenden Verlangen findet, frage man ihn, ob er wünscht, ein solches Verlangen zu haben" (Examen generale Nr. 102).

Ignatius weiß, solche Liebe zu Christus, solche Solidarität mit seinem Schicksal läßt sich nicht reglementieren. Sie ist eine Sache der Gnade und des ergriffenen Herzens. Aber er wünscht sie für seine Gefährten.

Der Wille Gottes

Dem Leser der Briefe des Ignatius fällt schnell ein fast stereotyper Briefschluß auf. Ignatius schließt seine Briefe meist mit der Bitte: „Gott wolle uns in seiner unendlichen und höchsten Güte seine reiche Gnade verleihen, damit wir seinen heiligsten Willen recht erkennen und ganz erfüllen" (Hugo Rahner, Briefe des Ignatius von Loyola Nr. 26). Und auch im Hauptteil seiner Briefe spielt dieses Thema eine wichtige Rolle. Es geht dem Heiligen leidenschaftlich um Suchen, Finden und Erfüllen des Willens Gottes. Kein Wunder, daß für ihn der Gehorsam so bedeutsam ist: er ist die Antwort auf den Willen Gottes, der uns trifft. Gehorsam aber ist für Ignatius nicht kalte, unbeteiligte – vielleicht sogar innerlich widerstrebende – Ausführung eines Befehls und einer harten Pflicht. Ignatius hat sich Gott, dem er gehorcht, schon *vor* allem einzelnen Gehorchen restlos übereignet. Er hat die eigene Freiheit wie einen Blankoscheck Gott übergeben und sich mit jedem Willen Gottes, schon bevor er ergeht, bereit erklärt. Die Gemeinschaft des *Wollens* – deren praktischer Ausdruck der Gehorsam im einzelnen ist – gründet in der Gemeinschaft des *Lebens*, die Gott schenkt. Für diesen Gott setzt Ignatius alle eigenen schöpferischen Kräfte ein; sie werden entbunden in der grundsätzlichen Bindung an Gott. „Vollkommener Gehorsam" ist für Ignatius sachlich das gleiche wie „vollkommener Dienst". Und dies wiederum ist seine Art der „vollkommenen Liebe".

Aber auch das liest er an Jesus ab. Jesus lebt gehorsam dem Willen des Vaters – für uns. Und er ruft Menschen zur Teilhabe an dieser Aufgabe. Ignatius weiß sich von Jesus angerufen und in diese Aufgabe gesandt. Ihm und ihr will er gehorchen. Das ist für Ignatius die Perspektive des Gehorsams.

Menschen gehorchen

Doch, um den Willen Gottes zu tun, gehorcht Ignatius Menschen, z. B. dem Papst. Die ersten Gefährten entschließen sich in einer denkwürdigen Beratung des Jahres 1539 dazu, einen aus ihrer Mitte zum Oberen zu wählen und *ihm* dann zu gehorchen.

Darüber hinaus möchte Ignatius, daß die Jesuiten sich ausdrücklich zum Gehorsam dem Papst gegenüber verpflichten, das sogenannte *Papstgelübde* ablegen. Und spricht Ignatius in seinen Satzungen nicht von „blindem Gehorsam", verlangt er nicht den vielzitierten „Kadavergehorsam"?

Eines muß sofort klar und eindeutig gesagt werden: auch im Jesuitenleben gibt es keinen absoluten unhinterfragbaren Gehorsam gegenüber Menschen. Wirklich gehorchen tut nur der Jesuit, der seine persönliche Freiheit ins Spiel bringt, der mitdenkt und der mit dem Befehlenden auf dem Boden der gleichen Grundüberzeugung des Evangeliums steht. Der Gehorsam im Orden braucht die Vertrauensbasis, daß es dem befehlenden Oberen und dem gehorchenden Untergebenen um die gleichen Ziele und Anliegen geht. Sonst würde auch das Fundament für die Lösung von Konflikten fehlen.

Ignatius erwähnt in den Satzungen mehrfach eine grundsätzliche Grenze des Gehorsams, nämlich: „wo sich... feststellen läßt, daß irgendein Anschein von Sünde besteht" (Satzungen Nr. 547). Das heißt modern: wo unser Gewissen das Gehorchen verbietet. Die Redeweise vom „Blinden Gehorsam" und auch das Bild vom „Kadavergehorsam" hat Ignatius aus alter Mönchstradition übernommen. Sie sind nicht seine Erfindung. Sie weisen auf die Erfahrung hin, daß Menschen sehr leicht geneigt sind, die eigene Meinung absolut zu setzen, sie und sich – nicht die Sache – zum Maßstab des Handelns zu machen; darum sei es notwendig, diesem Trend Widerstand zu leisten. Mit der Tradition sieht Ignatius im Gehorsam einen Weg, dem überheblichen Ich wirksam entgegenzutreten.

In unserer kompliziert gewordenen Welt können richtige Entscheidungen meistens nur über den Weg intensiver gemeinsamer Überlegungen gefunden werden. Das ist auch in der Gesellschaft Jesu so. Überlegung und Beratung sind die Aufgabe vieler; zu entscheiden ist Aufgabe des Oberen. Bei der Generalkongregation aber – dem Ordensparlament – werden die Entscheidungen auch im Jesuitenorden über Abstimmungen und Mehrheiten gefunden.

Das tiefere Anliegen des Ignatius

Im täglichen Leben des Jesuiten hat der Gehorsam weitgehend eine funktionale Aufgabe. Ohne die Koordinierung, die im Gehorsam geschieht, würde das Zusammenleben und Zusammenarbeiten von so vielen Männern nicht „funktionieren". Aber Ignatius ist überzeugt, daß der Gehorsam über den Oberen Verbindung zum Willen Gottes herstelle. Er glaubt an das Geheimnis der Kirche. Diese ist ohne Zweifel eine menschlich-gesellschaftliche Größe. Und doch ist sie mehr: ihr Geheimnis ist Christus. Ihr Geheimnis ist die Anwesenheit und Fortführung der Sendung Christi. Die Sendung durch den Papst – z.B. die Sendung eines Franz Xaver in die Mission nach Indien – ist für den gläubigen Ignatius die menschliche Überzeugung der Sendung, die Christus selbst in seiner Kirche vollzieht. Die „menschliche" Übersetzung einer „göttlichen" Sendung. Ignatius wußte um beides: um die Menschlichkeit *und* um die Göttlichkeit solcher Sendungen. Er steht hier auf dem Boden des *Glaubens*bekenntnisses: „Ich *glaube* an die eine, heilige, katholische und apostolische Kirche." Hierin gründet die Kirchlichkeit des Jesuitenordens – die er eigentlich mit allen Orden, ja allen Gläubigen der Kirche teilt.

An der kirchlichen Sendung haben die Oberen teil. Sie senden im Namen Christi. Das Leben im Gehorsam ist für Ignatius eine Weise, den Jesuiten tiefer mit Christus zu verbinden. Überdies ist Ignatius der Überzeugung, der Papst habe einen größeren Überblick über die Situation der Weltkirche und darum könne er leichter das wichtigere Arbeitsgebiet, die drängendere Aufgabe erkennen und anweisen. Auch darum will er den Papstgehorsam. Dieser verpflichtet den Jesuiten, sich vom Papst senden zu lassen, wohin dieser will. Der Jesuit lebt in Loyalität dem Papst gegenüber. Das schließt aber keineswegs Konflikte und begründete Kritik aus. Die vergangenen Jahre haben immer wieder den Freimut von Jesuiten in der Kirche bewiesen. Er ist ein Kennzeichen des reifen Gehorsams.

Die eine Nachfolge

Arm leben, gehorsam leben, ehelos leben: man darf diese drei Lebensformen beim Jesuiten nicht auseinanderreißen. Diese sogenannten evangelischen Räte fügen sich zu einer Einheit zusammen: zum Leben der Nachfolge Christi. Wieder zeigt sich als Zentrum: Christus.

Die Jesuiten geloben diese Nachfolge in der Gesellschaft Jesu für ein Leben apostolischen Einsatzes.

Gott in allem finden

Wer viele Jesuiten kennt, wundert sich manchmal über die Fülle von verschiedenen Aufgaben, denen sie nachgehen. Es scheint grundsätzlich keine Arbeit ausgeschlossen. Das hat einen tieferen Grund.

Fundament der Exerzitien

Der Mensch ist geschaffen dazu hin Gott unseren Herrn zu loben, Ihm Ehrfurcht zu erweisen und zu dienen und damit seine Seele zu retten. Die anderen Dinge auf der Oberfläche der Erde sind zum Menschen hin geschaffen, und zwar damit sie ihm bei der Verfolgung des Zieles helfen, zu dem hin er geschaffen ist. Hieraus folgt, daß der Mensch dieselben soweit zu gebrauchen hat, als sie ihm auf sein Ziel hin helfen, und soweit lassen muß, als sie ihn daran hindern. Darum ist es notwendig, uns allen geschaffenen Dingen gegenüber gleichmütig zu verhalten in allem, was der Freiheit unseres Willens überlassen und nicht verboten ist. Auf diese Weise sollen wir von unserer Seite Gesundheit nicht mehr verlangen als Krankheit, Reichtum nicht mehr als Armut, Ehre nicht mehr als Schmach, langes Leben nicht mehr als kurzes und folgerichtig so inallen übrigen Dingen. Einzig das sollen wir ersehnen und erwählen, was uns mehr zum Ziele hinführt, auf das hin wir geschaffen sind.

Ignatius leitet den Exerzitanten am Schluß der „Geistlichen Übungen" zu einer Meditation an, die er „Betrachtung zur Erlangung der Liebe" nennt. Dort läßt er ihn um die Gnade bitten, „voll Dankbarkeit in allem Gott lieben und ihm dienen zu können" (Nr. 233). In *allem.*

Das gleiche Anliegen kommt schon im Anfang der Exerzitien zu Wort. Im Text des sogenannten Fundamentes soll der Exerzitant beherzigen, daß der Mensch auf Gott hin geschaffen ist und *alles* übrige auf den Menschen hin. So kann *alles* zur Bahn werden, die zu Gott führt. So kann *alles* – vorausgesetzt es ist gut – in den Dienst Gottes gestellt werden. Darum soll sich der Jesuit vor allem um die *„ganz reine Absicht"* mühen, die das Leben einheitlich und vor Gott wertvoll machen kann. Wer so lebt, wird mit den Jahren hellsichtiger und vermag immer mehr die Begegnungen seines Lebens, die Aufgaben, ja die Kleinigkeiten des Alltags vor Gott zu tragen. Er kann so, wie eine Kurzformel von Ignatius sagt „*Gott in allen Dingen finden*". Auf dieses Ziel hin soll der Jesuit unterwegs sein – und es wird ihm schmerzlich bewußt, daß er nur zu oft weit davon entfernt ist. Das Ziel aber bleibt. Die Weite der Aufgaben des Ordens hängt mit dieser Weite der gläubigen Weltsicht des Ignatius zusammen.

Wählen können

Aus den vielen Möglichkeiten der Arbeit muß der Jesuit einige auswählen. Welche? Wie kommt er zur rechten Wahl?

Im Grunde rät Ignatius zu etwas ganz Einfachem. Er sagt auf seine Weise, was Augustinus mit den Worten ausdrückte: „Liebe und tue was du willst."

> Wir müssen so rückhaltslos auf Gottes Gnade vertrauen, als ob alle menschlichen Mittel nichts vermöchten; gleichzeitig aber alle menschlichen Mittel mit solcher Umsicht und Tatkraft anwenden, als ob aller Erfolg einzig davon abhinge. *Ignatius von Loyola*

In den Exerzitien motiviert Ignatius den Exerzitanten, sich so tief es nur geht, an Christus zu binden. Er möchte den Exerzitanten zunächst aus Unfreiheiten herausholen, aus der Verklammerung der Schuld, aus dem selbstherrlichen Ich, aus der Vergötzung des Reichtums, aus fragwürdigem Ruhm. Er möchte ihn dann hinführen zu Christus, der ruft, an seiner Aufgabe mitarbeiten läßt, der voll echter Menschlichkeit ist, voll Wahrhaftigkeit, der sich im Einsatz für den Menschen nichts erspart, auch nicht das Kreuz. Auf diesen Christus – der jetzt als der Auferstandene lebt und den Menschen nahe ist – soll der Exerzitant schauen, die eigenen Fragen in innerer Freiheit vor ihn tragen und *spüren lernen,* ob etwas zu Christus paßt oder nicht. Aus dem Gespür der Übereinstimmung soll er zur Wahl, zur Entscheidung kommen. Wer so leben lernt, wird ein *mündiger* Christ, denn er wird fähig – auch im Alltag – die richtigen Dinge zu wählen und zu tun.

Ignatius formuliert an einer Stelle der Exerzitien so: „Ich soll zuschauen, ob jene Liebe, die mich bewegt, eine Sache zu wählen, von oben herabsteigt aus der Liebe Gottes" (Nr. 184). Dazu nimmt er alle anderen Kräfte des Menschen in diesen Wahl- und Entscheidungsprozeß hinein: die eigene Erfahrung, die abwägende Vernunft, die Sicht einer Sache im Licht des Evangeliums.

Unterscheidungsfähige Liebe
Dieses Ideal heißt bei Ignatius einige Male: unterscheidungsfähige Liebe. Dazu ermuntert er, dazu erzieht er. Die Jesuiten sollen diese Einstellung auch gegenüber dem Erbe des Ignatius selbst haben.

Petrus Canisius sagte am 31. Juli 1587 zu seinen Mitbrüdern, den Jesuiten von Fribourg: „Es gibt bei unserem Vater Ignatius vieles, was wir nicht nachahmen können. Es gibt sogar vieles, was wir nicht nachahmen dürfen... Endlich gibt es bei ihm auch Dinge, die wir sehr dringend nachahmen sollen, wie seine Liebe zum Kreuz Jesu Christi, seine innige Vertrautheit mit der Quelle alles Guten, seine natürliche und übernatürliche Klugheit, sein Gottvertrauen, seinen... Gehorsam, die Geradheit und Lauterkeit seiner Absichten."

8. Berufsfelder konkret: Jesuiten berichten

JOSEF ZWICKEL, *geboren 1946 in Hochaltingen (Schwaben), gehört seit 1965 zur Gesellschaft Jesu. Er war kaufmännischer Angestellter und arbeitet zur Zeit in der Buchhaltung und Verwaltung der Südprovinz der Jesuiten in München.*

„He, Boß, ich brauch' mehr Geld", waren einige der sowieso schon wenigen Worte, die ich mit meinem Chef wechselte, als ich noch nicht Jesuit war und als Verkäufer in einem Einrichtungshaus arbeitete. Verkaufen und anbieten, überbieten und verdienen, eine kurze Arbeitszeit und viel Freizeit waren selbstgesteckte Ziele. Ein Chef, der die Betriebsatmosphäre negativ prägte, war eine vorhandene Tatsache. Man stand zu „seiner" Firma innerhalb der Arbeitszeit, denn der gute Ruf der Firma drückte sich wieder im eigenen Geldbeutel aus. Die Kompetenzen innerhalb der Firma waren abgesteckt, und es wurde geschaut, daß nicht mehr zu arbeiten war als nötig. Aufgrund dieser

Erfahrungen war mir auch bald klar, daß ich mich im Beruf als Kaufmann möglichst bald selbständig machen würde. Es sollte jedoch anders kommen.

Mir war schon früher mehrmals der Gedanke an das Leben in einem religiösen Orden gekommen. Aber konkret war das noch nicht geworden. Dann habe ich einen Jesuiten kennengelernt und über ihn Kontakt zum Jesuitenorden bekommen. In diesem Orden, so schien es mir, würde ich meine Selbständigkeit, die ich suchte, finden. Ich glaubte, auf diesem Weg *der* Josef Zwickel zu werden, der ich eigentlich sein wollte. Ich wurde Bruder in der Gesellschaft Jesu.

Bei dem ständigen Versuch, den Orden, seine Mitglieder, seine apostolische Zielsetzung kennenzulernen, änderte sich zunächst auch bei mir die Gesamteinstellung zur Arbeit. Ich bin als Mitglied eines Ordens auch mitverantwortlich für die Verwirklichung seiner Aufgabe, nämlich des Apostolats. Ich bin Teilhaber eines Werkes, einer Aufgabe, für die es sich zu leben lohnt. Christliche Arbeitsbegriffe, wie Kollegialität und Zuverlässigkeit sowie das Einsetzen seiner Kraft bringen eine verstärkte Anforderung mit sich. Was im Laufe der Zeit immer mehr wegfällt ist der Wettlauf nach dem Verdienst, nach mehr Geld, Aufstieg oder etwas sein wollen bzw. müssen. Es fällt aber auch die 40-Stunden-Woche weg und das nicht zu unterschätzende Sich-Kümmern um eine Familie.

An meiner früheren Arbeitsstätte war ich sehr darauf bedacht, diejenige Arbeit zu bekommen, die mir lag.

Auch im Orden gibt es natürlich Arbeiten, die nicht schmekken. Doch die Bereitschaft, meine Neigungen und Lieblingsideen hintanzustellen, ist bei mir gewachsen, je weiter ich mich in die Gemeinschaft des Ordens hineingelebt habe. Ich habe neue Aufgaben gesehen, die im Interesse der Gemeinschaft geleistet werden müssen. Und weil ich mich heute mit dieser Gemeinschaft identifiziere, sind die Aufgaben auch für mich wichtig geworden.

Aber, wenn ich die ganze Woche nur noch mein Büro von innen sähe, dann könnte es sein, daß ich den Bezug zur eigentlichen apostolischen Zielsetzung meines Ordensberufes aus dem Auge verliere. Ich habe Kontakt zu Gruppen und einzelnen Leuten, mit denen ich mich ziemlich regelmäßig treffe. Und ich habe den Eindruck, daß meine Bekannten manchmal mit einem Nichtpriester ganz gerne ihre menschlichen und religiösen Fragen besprechen möchten. Das hat dann nicht immer gleich den Anstrich des Offiziellen.

In erster Linie jedoch bin ich als Jesuit in der Verwaltung und somit im indirekten Apostolat tätig. Ich hoffe, daß ich den Mitbrüdern, die im direkten Apostolat tätig sind, möglichst viel von der Verwaltungsarbeit abnehme und ihnen somit mehr Zeit und Kraft für ihre eigentliche Aufgabe zur Verfügung stelle. Gerade in einer Zeit, in der Arbeitsteilung großgeschrieben wird, dürfte dies wichtig und wertvoll sein.

Ich habe Freude am Beruf des Kaufmanns. Die Ausübung dieses Berufs hat noch einen tieferen Sinn erhalten durch die Liebe zu Christus, seiner Kirche und zum Orden. Wenn der jetzige „Boß" Christus selbst ist, ist es mir lieber. He, „Boß", ich brauche mehr dich und deine Hilfe und Gnade.

WILLI SCHNETZER, *geboren 1920 in Degersheim (St. Gallen, Schweiz), Jesuit seit 1943, arbeitete als Internatsleiter am Jesuitenkolleg in Feldkirch (Vorarlberg) und in der Studentenseelsorge in Basel. Von 1968 bis 1975 war er Provinzialoberer der Jesuiten in der Schweiz.*

Nie kam mir auch nur im Traum der Gedanke, einmal „Provinzial" zu werden. Die Ernennung überraschte mich. Und überraschte mich auch nicht, denn zwei Motive hatten mich vor 30 Jahren bewogen, in die Gesellschaft Jesu einzutreten. Nebst dem Gedanken, meine Fähigkeiten für die Sache Gottes bei den Jesuiten richtig einsetzen zu können, hatte ich das Pauschalvertrauen, der Orden werde mich schon an den rechten Platz stellen.

Der Anfang in der neuen Aufgabe fiel mir schwer. Ich mußte die Studentenseelsorge aufgeben. Der Umgang mit jungen Menschen und neuen Ideen hatte mir Freude gemacht. Statt dessen erhielt ich ein Publikum von festgeformten, ausgeprägten Jesuiten. Ich fing an, mit jedem einzelnen Kontakt aufzunehmen, wie es ein erster Punkt des Pflichtenheftes fordert. Daraus sollte mit der Zeit eine gegenseitige Offenheit aus dem Glauben erwachsen, so daß keiner dem anderen etwas vormacht.

Der Jesuit braucht ein „Familienleben", das heißt eine religiös-menschliche Gemeinschaft. Da heute manch althergebrachte Verhaltensform nicht mehr trägt, ist es eine vordringliche Aufgabe des Provinzialoberen, für lebensfähige Gruppen und tragfähige Gruppenstrukturen zu sorgen, indem er die Betroffenen zum Gespräch zusammenbringt, mit ihnen brauchbare Normen erarbeitet, einfügt. Ein Außenstehender müßte bei der Aufforderung „Kommt und seht" von einer Jesuitenkommunität den Eindruck gewinnen, daß hier Menschen der heutigen Zeit aus dem Glauben heraus versuchen, Gemeinschaft zu sein und immer mehr zu werden.

Eine Aufgabe des Provinzials betrifft die Auswahl der apostolischen Einsätze. Die Jesuiten sollen die seelischen Bedürfnisse und Nöte ihrer Zeit sehen und als Glaubende mit Verstand und Herz helfen. Ins Konkrete übersetzt verlangt das vom Provinzial, daß er mit seinen Beratern und mit allen Mitbrüdern dauernd überlegt, welche Arbeiten zu verändern, welche aufzugeben sind zugunsten von notwendigeren. Dabei macht man vorerst eher die Erfahrung menschlicher Begrenzung als des unbezähmbaren missionarischen Eifers. Es fehlen oft die entsprechenden Gaben und Charismen, manch einer hat besten Willen, kann aber nicht umgepolt werden. Oft scheint es, daß das, was man tut, klein ist im Vergleich zu dem, was man möchte. Aber ich habe im Laufe der Jahre auch eine gegenteilige Erfahrung gemacht. Wenn die Jesuiten großherzig und beharrlich zu ihren eigenen beschränkten Gaben und Begabungen stehen, geschieht auf die Dauer mehr, als was der oberflächliche Blick feststellt. Vor allem geschieht das, was wohl dem Willen Gottes besser entspricht.

Eine Frage hat mich immer beschäftigt und beschäftigt mich noch weiter: wie finden wir Jesuiten einen Lebensstil und Arbeitskriterien für die moderne Industriegesellschaft? Oder: wie verwirklichen wir den Impuls des Ordensgründers, ohne der heutigen Zeit untreu zu sein? Anfänglich meinte ich, diese Probleme wären mit gutem Willen schneller zu bewältigen, als es tatsächlich der Fall ist. Aber schon die Sensibilisierung für diesen Fragenkomplex stößt auf Schwierigkeiten. Schwierigkeiten, die mir heute einleuchten. Wer in einer bestimmten Form erzogen wurde, kann seine Formung nicht wie ein Kleid ablegen. Nicht jeder ist zu einer menschlichen Freiheit gelangt, in der er sich selbst in Frage stellen kann, ohne dadurch bis in die Fundamente verunsichert zu werden.

Ich habe daraus gelernt. Gelernt, daß man mit Sachverstand, innerer Freiheit, Beharrlichkeit und Gottvertrauen jede Situation angehen muß. Ich habe die Erfahrung gemacht, daß man auf diese

Weise furchtloser seinen Kopf hinzuhalten wagt. Mit einem Wort: die Aufgabe des Provinzials hat mich tiefer an die Wirklichkeit herangeführt und gelehrt, mit ihr besser umzugehen. In die Wirklichkeit des modernen Menschen mit seinen unbewältigten Problemen und Ängsten; in die Wirklichkeit der Kirche mit ihrer Tendenz, sich beharrend von der Welt abzukapseln; in die Wirklichkeit der Gesellschaft Jesu, die aus dem Geist ihres Gründers heraus anfängt, sich mit Wagemut und Nüchternheit für die „modernen Seelen" einzusetzen.

MANFRED ZMY, *geboren 1947 in Bad Hersfeld (Hessen), ist seit 1969 in der Gesellschaft Jesu. Er studiert zur Zeit Theologie an der Philosophisch-Theologischen Hochschule in Frankfurt a. Main.*

Als ich mich dazu entschlossen habe, in den Jesuitenorden einzutreten, war ich begeistert von der konziliaren Erneuerung und geprägt vom kritischen Engagement der Schüler und Studenten in den spätsechziger Jahren. Ich glaubte daran, und ich glaube auch heute noch daran, daß die Religion für die Selbstwerdung des Menschen, also auch für meine Selbstwerdung eine unverzichtbare Rolle spielt. Ordensleben in der Gesellschaft Jesu ist für mich ein Sinnentwurf, eine freiheitliche Entscheidung zu einer charismatischen Lebensweise aus dem Glauben und der Hoffnung in die Liebe Gottes zu uns Menschen. Ich versuche, in der Nachfolge des gekreuzigten und auferstandenen Jesus dessen personalisierende und sozialisierende Kraft zur Befreiung der Menschen weiterzugeben. Konkret wird für mich dieser Sinnentwurf in meinem Versprechen, in Armut, Ehelosigkeit und Gehorsam in der Gesellschaft Jesu leben zu wollen. Ich versuche, meinem Leben trotz aller Wandelbarkeit und Geschichtlichkeit eine Festlegung auf eine bestimmte Institution und eine Treue zu einer bestimmten Lebensweise zu geben.

Für mich ist wichtig, daß das Studium niemals ein Selbstzweck, sondern immer ein Mittel zur Gestaltung christlicher Praxis ist. Es ist der Versuch, das neue Selbstverständnis des Menschen aus dem Zuspruch des Wortes Gottes an uns zu entfalten. Gerade in einer säkularisierten Gesellschaft, die vom Verlust der religiösen Alltagsrelevanz gekennzeichnet ist, darf für mich Theologie und Theologiestudium nicht auf bloßes Wissen reduziert werden, sondern muß zur Sinngebung des Menschen im privaten und politischen Bereich beitragen. Wenn mich das Theologiestudium nicht für Initiativen zur Veränderung der Welt bereit macht, dann wird es zu einem Mythos des Bestehenden und zu einer Verleugnung der Botschaft vom Kommen des Reiches Gottes. Daher ist für mich das Theologiestudium nur im Zusammenhang mit dem alltäglichen Leben zu bewältigen.

Um als einzelner Student einen solchen Sinnentwurf gegen den Druck einer anders gesinnten Gesellschaft durchhalten zu können, bin ich immer wieder auf die Gruppe von gleichgesinnten Menschen angewiesen. Für mich ist das Leben in einer Gruppe mit anderen Ordensmitbrüdern, wo wir uns gemeinsam um das Studium bemühen und wo wir versuchen, in der Feier der Eucharistie und im gemeinsamen Gebet unseren Glauben aktuell zu machen, eine große Hilfe zur Verwirklichung meines Sinnentwurfs. Nach Ignatius ist es für einen Jesuiten selbstverständlich, daß sein Denken, sein Leben und sein Tun eingeborgen ist und bleiben muß im „Bereich der heiligen Mutter, der hierarchischen Kirche".

Eine volle Identifikation mit der Kirche stellt mich heute oft vor große Schwierigkeiten. So ist für meine eigene Glaubenserfahrung die Kirche in ihrer momentanen Verfassung nicht das Tragende und Bergende, eine Glaubenshilfe, vielmehr wird sie oft zur Belastung, zum Hindernis, zur Krise und zur Prüfung. Dennoch glaube ich, daß unser christlicher Glaube nur in der Dimension der Gemeinschaft möglich ist. Systemimmanenz und Systemkritik sind daher für mich in der Kirche kein Gegensatz. Gerade, weil ich glaube, daß der befreiende Geist Gottes auch heute diese konkrete Kirche in ihrer Institutionalität durchwaltet und befreit.

Ich studiere heute, um als Jesuit später einmal Priester in dieser Kirche zu sein. Für mich bedeutet das einen Verzicht auf beruflichen Ehrgeiz und Geldverdienen und ein Engagement im Geiste Jesu im Dienst am Menschen und am Reich Gottes. Menschlich betrachtet, erscheint es vielleicht eine Unmöglichkeit, aber im Vertrauen auf den Geist Gottes, der mich auf diesen Weg geführt hat, erfüllt es mich mit Freude.

Günter Höver, *geb. 1938 in Kamenz (Sachsen), ist seit 1958 Jesuit. Er arbeitet als freier Autor in Hörfunk, Fernsehen und Film.*

Während meiner journalistischen Ausbildungszeit habe ich mich oft gefragt, was das eigentlich alles soll. Am Abend eines Arbeitstages in der Nachrichtenredaktion wußte ich nur: ich hatte nur dpa- und UPI-Meldungen gekürzt und neu geschrieben. Aber eigentlich wollte ich ja nicht Nachrichtenjournalist werden. Als ich später Magazinbeiträge für das Fernsehen drehte, kam mir bald die gleiche Frage: ist das eigentlich dein Beruf, Reportagen über Autobahnanwohner, Arbeitslose oder Strafgefangene zu machen? Eine gute Aufgabe! Aber, ist es meine?

Ich hatte jedenfalls das Ziel, zusammen mit einigen Jesuiten in den Massenmedien – Zeitung, Film und Fernsehen – publizistisch zu arbeiten. So etwas hatte ich mir immer gewünscht: eine Arbeit zu tun, die noch nicht in eingefahrenen Bahnen läuft. Und nun erlebte ich die Glücksmomente und Unsicherheiten, die eine Pionierarbeit offenbar an sich hat. Es ergab sich, daß ich den eigentlichen Journalismus als bloße Übergangsphase für mich erkannte. Sie war notwendig, damit ich das Handwerk Zeitung und Fernsehen erlernte.

Ich hatte mir einmal vorgenommen, in der Sprache dieser Medien zu verkünden – was immer das konkret bedeuten sollte. Irgendwann fiel dann meine Entscheidung, die ich mit Mitbrüdern vom Fach abstimmte: ich werde nicht zu einer Zeitung gehen, sondern freiberuflich für Fernsehen und Film in der kirchlichen Katechetik arbeiten. Verkündigen in der Sprache der Medien, das hieße also jetzt konkret: in der „Sprache" einer Fernsehdokumentation, eines Features, eines Magazinbeitrages, eines Spielfilms ... oder wie? Dokumentation und Feature hatte ich gelernt, aber meiner Art, etwas zu sagen, schienen sie nicht adäquat. Also Spielfilm? Fernsehspiel?

Eine Weiche stellte sich, als das ZDF mir eine religiöse Sendereihe anbot, von der noch niemand genau wußte, wie sie aussehen sollte. Ich nannte sie TV-Meditation. Großartig, wenn wieder einmal Tradition fehlt und etwas Neues entwickelt werden muß. Ich biß an. Von Sendung zu Sendung hatte ich so die Gelegenheit, verschiedene Formen der Film-Fernsehmeditation auszuprobieren. Sie sind meiner Auffassung nach – im völlig anders gearteten Programm – Impulsfilme zu einer Lebens- bzw. Glaubensfrage.

Parallel dazu bekam ich einen Auftrag für ein Filmexperiment über das Jesusbild der jungen Generation. Ich bin dem aufgeschlossenen Abteilungsleiter noch heute dankbar, daß er mich ohne Protest aus dem üblichen Dokumentationsschema hat herausspringen lassen. Für mich war dieser Film ein weiterer Schritt auf der Suche nach Formen der Verkündigung in der Filmsprache.

Alles in allem bin ich heute – nach den ersten Zwischenergebnissen meiner Suche – froh, diesen Weg eingeschlagen zu haben. Es bleibt weiterhin ein Weg, kein Ziel. Interessant ist mir dabei die Erfahrung, daß man etwas suchen kann, von dem man noch nicht genau weiß, was es ist.

Stereotype Fragen meiner Arbeitskollegen bei den Rundfunkanstalten sind immer wieder: „Hat sie der Orden für diese Arbeit freigestellt? Sie sind also jetzt kein Pfarrer mehr?“ Das Wort „Pfarrer“ meint in ihrem Wortschatz einfach Priester. Sie können sich einen Priester nur als einen Pfarrer vorstellen – das sagen sie auch. „Sie haben also jetzt keine Aufgabe mehr in Ihrem Orden oder in Ihrer Kirche?“ Hier verrät sich ein Bild von der Kirche, das leider allzusehr der Wirklichkeit entspricht: die Kirche als ein Verein, der unter sich ist und ruhig auch unter sich bleiben soll. Daß einige ihrer Arbeitskollegen Christen sind, verwundert weiter nicht, denn die müssen ja auch irgendwo ihr Geld verdienen. Aber, daß einer, der eigentlich doch Pfarrer sein sollte, in ihren Kollegenkreis gerät, bringt ihr Bild vom geschlossenen Verein „Kirche“ durcheinander. So ergaben sich viele lange und informative Gespräche, in denen gegenseitige Vorurteile langsam abgebaut werden konnten.

Aus den ersten Kontakten sind gute Bekanntschaften und Freundschaften hervorgegangen. Ich will das hier nicht „Seelsorge“ nennen, weil dieses Wort von meinen außerkirchlichen Kollegen – wahrscheinlich aus guter Beobachtung – verstanden wird als Versorgung der Kirchentreuen. Ich habe von meiner Arbeit und von meinen Kollegen in den letzten Jahren so viel Neues gelernt, daß ich manchmal an Kolumbus denken muß, der aufbrach um Indien andersherum zu erreichen: er fand Amerika. Auch Moses ahnte nicht, wohin er geraten würde, als er aus Ägypten auszog. Er zog weg, weil er Gott vor sich hatte. Aber eben *vor* sich.

Siegfried Binzler, *geboren 1933 in Kressbronn (Bodensee), ist Jesuit seit 1953. Nach Studien in Irland und Indonesien arbeitet er seit 1968 als Landpfarrer und Missionar in Delanggu (Mitteljava).*

Ich erinnere mich an ein Gespräch mit dem indonesischen Chordirigenten unserer Pfarrei. „Sie können doch leicht von den Spenden aus Ihrer reichen Heimat Deutschland leben. Sie brauchen doch unsere Abgaben nicht.“ Ich sagte ihm: „Ich könnte es. Aber ich möchte von Euch leben. Erst wenn ich Euer Essen esse, dann liebe ich Euch. Erst wenn ich von Euch abhängig bin, dann habe ich Euch angenommen. Und Ihr beginnt mich zu lieben und zu schätzen.“ Von *den* Menschen leben wollen, die doch selbst so wenig haben! Hier begann meine Überwindung. Wer das in einem Missionsland nicht fertigbringt, bleibt ein Fremder.

In Mitteljava hat sich seit 1945 die Mission schnell entwickelt. Die Priester reisten nicht mehr von Gemeinde zu Gemeinde, sondern richteten sich ständig mit einem Haushalt in einem Dorf ein. Man begann mit einer freiwilligen Geldabgabe, die sonntags in eine Opferkiste geworfen wurde. Der Pfarrer zählte das Geld und bestätigte den Betrag. Wie oft habe ich gestöhnt, wenn ich nur Beträge von zehn Pfennig abzeichnen mußte, wenn ich von reichen Leuten, die leicht fünf Mark hätten geben können, nur fünfzig Pfennig bekam. Zuerst war es mir zuwider, in der Predigt übers Geld zu reden. Doch hier wurde mir deutlich, welch ein wertvolles Verkündigungsmittel das Geld war! Es ist für Menschen, die Jahrhunderte lang Untergebene waren, nicht leicht, frei über Geld zu verfügen und sich selbst richtig einzuschätzen. Und wiederum, nicht aus Mitleid oder um einen lästigen Bettler loszuwerden, sondern einfach für die „Kirche“, die keine materiellen Vorteile verspricht. Ein Unfreier ist ja daran gewöhnt, zu bekommen. Wenn er selbst etwas hat, fällt es ihm nicht leicht, davon zu geben.

Durch die Fragen über das Pfarrersgeld bekam ich auch Einblick in die Lebensverhältnisse unserer Gemeinde. Wie schwer war es für die Reisbauern, wenn es Mißernten gab, wie schwierig für die Lehrer, Beamten und Fabrikarbeiter über das Monatsende hinauszukommen. Wir mußten uns etwas ausdenken, um das Haushaltsgeld aufzubessern. Wir dachten an Viehzucht. Für den Anfang eignete sich nach einem Zeitungsbericht aus Djakarta am besten die Hühnerzucht. Mit einem Kredit des Missionsrats

Aimé Duval, religiöser Komponist und Chansonnier
Duval, 1918 in Frankreich geboren, wurde auch in Deutschland in den fünfziger Jahren bekannt durch seine religiösen Lieder, die das Mittel des modernen Chansons für die Verkündigung nützten.

von DM 1000.– konnte man bereits einen Modell-Hühnerhof aufbauen. In der Sonntagsmesse warben wir um Interessenten für unser „Hühnerprojekt“. Wer wirklich ernst daran dachte, wer Erfahrung mit Ersparnissen gemacht hatte, kam in Erwägung. Schließlich waren es sechs Männer. Das Ziel war, einen Hühnerhof aufzubauen von der Größenordnung, die eine Familie mit ihren Mitgliedern bewältigen konnte. Wir wählten einen Vorstand für unsere Genossenschaft.

Die Pfarrei schlug vor, daß auch der Pfarrer einen Hühnerhof beginnt. Ich tat es. Daß ich mich auch zu Rückzahlungen verpflichtete, hatte einen sehr günstigen Einfluß. Ich rückte bei unserer Monatsversammlung genauso mit dem Geldbeutel heraus wie die anderen. Und wer nicht bezahlen wollte, schämte sich allmählich. Im Pfarrhof waren 180 Hühner. Zu Beginn brachte ich die Eier selbst zum Markt, verglich die Preise, suchte feste Abnehmer.

In meinen Augen ist das Hühner-Experiment wohl ein Stück wirtschaftlicher Entwicklungshilfe. Aber nicht nur das. Es scheint mir bis heute auch ein Beitrag zur Verkündigung der christlichen Botschaft in Indonesien zu sein. Eine christliche Grundhaltung ist das menschliche Vertrauen – die Voraussetzung für ein echtes Vertrauen zu Gott. Mir schien, daß das erst entwickelt werden mußte. Ich will das etwas erläutern.

Das mangelnde Vertrauen in den Dörfern hatte mich anfangs sehr erstaunt. „Ohne Faustpfand gab es keinen Kredit.“ Das war eine wichtige Bestimmung. Es kam Goldschmuck in Frage oder die Bescheinigung des Schulkassiers, daß einem säumigen Lehrer das Monatsgehalt vermindert wird. Oder es werden einem die Fahrzeugpapiere abgenommen. Warum war bei meinen ehrbaren Pfarrangehörigen so wenig Vertrauen, fragte ich mich immer wieder. Es gab natürlich viele Gründe. Für mich als Pfarrer war einer entscheidend: Indonesien hat die höchste Scheidungsquote, um 60%. Die Konsequenz: man schätzt die Scheidungswaisen auf 14 Millionen. Diese Kinder haben Treue und Vertrauen der Eltern nicht erlebt. Diesen Mangel brachten sie auch mit in die Erwachsenenwelt. So viele Millionen haben einen großen Einfluß auf die ganze Gesellschaft. Das Thema Vertrauen taucht daher auch immer wieder in meinen Predigten, in meinen Konferenzen und im Religionsunterricht auf.

Ich betrachte meinen Beitrag immer nur als einen bescheidenen Anfang. Man kann nicht alles auf einmal schaffen. Das ist auch nicht die Aufgabe der Kirche. Wir wollten nur ein Zeichen setzen. Tatsächlich ist die Regierung auf unsere Genossenschaft aufmerksam geworden und hat selbst später vertrauenswürdigen Leuten Startkredite gegeben.

Manchesmal hätte ich mir gewünscht, daß ich Landwirtschaft oder Viehzucht statt Theologie studiert hätte. Aber es hätte wohl wenig genützt, denn man muß ganz unten anfangen.

Wir haben – glaube ich – Hoffnung gesät, wo es schien, daß nichts mehr zu hoffen war.

RAINER KOLTERMANN, *geboren 1931 in Freudenfier (Pommern), wurde 1952 Jesuit. Seit seiner Priesterweihe arbeitet er als Naturwissenschaftler im Fachgebiet Zoologie (Bienenkunde) an den Universitäten Frankfurt a. M. und Würzburg.*

„Wozu treibt ein Priester Lern- und Gedächtnisforschung bei Bienen?“ – So oder ähnlich bin ich oft gefragt worden, als man von meiner Arbeit hörte. Der Beruf des Zoologen scheint nicht in das Bild zu passen, das man von einem Ordensmann hat. Ein evangelischer Student meinte: „Ich habe mir einen katholischen Geistlichen ganz anders vorgestellt.“ Ich: „Dann müssen Sie halt Ihre Vorstellungen an der Wirklichkeit korrigieren.“

Doch die Tatsache, daß Forschertätigkeit im Rahmen des Jesuitseins möglich ist, bedeutet noch keine Aussage über den Sinn einer solchen Tätigkeit. Ein Verständnis erschließt der geschichtliche Werdegang.

Die Wurzeln reichen bei mir bis in meine Kindheit zurück, als ich mich in den Wäldern meiner Heimat für alles, was da kreucht und fleucht, begeisterte. Später ging mir auf, wie sehr der heutige Mensch in seiner Denkweise naturwissenschaftlich-technisch geprägt ist: Erkenntnisse in den Naturwissenschaften sind grundsätzlich durch Experimente nachprüfbar. Der Philosoph und Theologe aber hat eine ganz andere Methode. In der Philosophie geht es um die Rückführung aller Gründe auf das letzte Warum. Das Experiment ist als Beweismittel ausgeschlossen. In der Theologie ist letzter Grundakt menschlicher Existenz der Glaube an den sich offenbarenden Gott.

Aus diesen verschiedenen Ansatzpunkten der Wirklichkeitserkenntnis kam es im Laufe der Geschichte immer wieder zu Grenzüberschreitungen; die eine Erkenntnismethode wurde zu leicht auf ein anderes Gebiet übertragen. Fehlschlüsse blieben nicht aus. Es schien nur den einen Ausweg zu geben, daß ein philosophisch oder theologisch Ausgebildeter auch ein naturwissenschaftliches Fach gründlich studiert, um die Sprachbarrieren zu überwinden. Ich habe meine naturwissenschaftliche Ausbildung immer angesehen als eine spezielle Vorbereitung für den apostolischen Dienst an der Wahrheit und an den Forschern.

Die Thematik der speziellen Forschungsarbeit hängt dann davon ab, welchen Professor man sich als Doktorvater sucht und in welcher Forschungsgruppe man arbeitet. Anfangs sah ich meine Aufgabe in der Forschung und Lehre an der Universität, um den Naturwissenschaftlern und Studenten zu helfen, gegenüber Theologie und Kirche eine positive Einstellung zu gewinnen. Allmählich trat eine Akzentverschiebung in der Auffassung der eigenen Tätigkeit ein.

Grundsätzlich ist die Integration beider Erkenntnisweisen – der naturwissenschaftlichen und der philosophisch-theologischen – zunächst in der eigenen Person zu leisten. Der Glaube war gefordert, besonders in jenen 35 Monaten der letzten acht Jahre, in denen ich mich ausschließlich der Lern- und Gedächtnisforschung zu widmen hatte. Der Glaube, daß ich dabei apostolische Arbeit tue, obwohl mein Verlangen nach direkter priesterlicher Tätigkeit am Menschen dadurch nicht befriedigt wurde. So war ein immer stärkerer Glaube gefordert, ein Verwiesensein auf intensives Gebet, aus dem meine eigene meditative Haltung bei den täglich bis zu elf Stunden dauernden geduldfordernden Beobachtungen an den Bienen sich allmählich bildete. Zugleich lernte ich auch von den Naturwissenschaftlern vor allem Ehrfurcht und Anerkennung der Tatsachen.

Langsam übertrug sich dieser naturwissenschaftliche Ansatz auch auf die immer zahlreicher werdenden seelsorglichen Einzelgespräche mit Kollegen und Studenten. Darauf aufbauend, entwickelte sich gleichsam eine tastend experimentelle Methode, den Willen Gottes für und mit dem Gesprächspartner zu entdekken. Immer wieder wurde mir von Menschen zu verstehen gegeben, daß sie mir als Naturwissenschaftler die Zusammenhänge des Glaubens eher abnehmen als ihrem Pfarrer. Ganz allgemein wurden die Spannungen in der eigenen Person zwischen Theologie und Naturwissenschaft abgelöst durch kleine gegenseitige Befruchtung beider Disziplinen, eine Entwicklung, die natürlich längst nicht abgeschlossen ist.

Albert Keller, *geboren 1932 in Nieder-Roden (Hessen), ist seit 1952 Mitglied der Gesellschaft Jesu. Er studierte Philosophie und ist zur Zeit Rektor der Hochschule für Philosophie in München.*

Die Gesellschaft Jesu ist zum „Fortschritt der Menschen im Leben und der Lehre des Christentums und zur Ausbreitung des Glaubens" begründet. So heißt es in ihrer Stiftungsurkunde. Dort werden dann unter den Mitteln, die sie dafür einsetzen soll, gleich an zweiter Stelle die Vorlesungen („lectiones") genannt. Zwar verstand man darunter wohl jede Art von öffentlichem Glaubensunterricht, doch gewann gerade die Lehrtätigkeit an Universitäten und Hochschulen hier bald ein besonderes Gewicht, wie das Beispiel bereits der ersten Jesuiten und dann die weitere Geschichte der Gesellschaft Jesu beweisen. Daß dabei die wissenschaftliche Erschließung der christlichen Offenbarung, also die Theologie, im Vordergrund steht, ist nicht verwunderlich, weil sie offenbar dem genannten Ziel des Ordens entspricht.

Weniger offenkundig allerdings ist es, warum ein Jesuit, also warum etwa auch ich mich mit Philosophie beschäftige. Diese hat zwar seit dem Mittelalter in der theologischen Ausbildung die Aufgabe, der Theologie das methodische Rüstzeug zu liefern und wissenschaftlich zu untersuchen, was der Glaube voraussetzt und wie er vor Menschen verantwortet werden kann, die nicht glauben. Aber das würde höchstens rechtfertigen, daß die jungen Jesuiten im Verlauf ihrer theologischen Studien auch etliche philosophische Vorlesungen hören. Es erklärt nicht, wieso ein Jesuit Philosophie sozusagen hauptberuflich treibt und sich darauf konzentriert, Philosophie zu erforschen und zu lehren. Hat er so nicht zwei Hauptberufe, zum einen Jesuit, zum anderen Philosoph?

Jesuit zu sein ist ebensowenig ein Beruf wie Ehemann zu sein. Man kann als Jesuit die verschiedensten Berufe haben. Und ähnlich wie wahrscheinlich die meisten Ehemänner ihren Beruf vor allem für ihre Familie ausüben, um sie unterhalten zu können, und wie sie ihre Berufsaufgaben nach Kräften zu erfüllen trachten und sich zumindest während der Arbeitszeit ganz auf sie konzentrieren, eben um für ihre Familie gut zu sorgen, ähnlich muß der Jesuit seinem Beruf im Dienst seines Ordens nachzukommen suchen. Obwohl man aus dieser Sicht sagen kann, daß für mich das Jesuitsein meinem Beruf ebenso übergeordnet ist wie für den Ehemann die Familie, so mindert doch diese Überordnung nicht meinen Einsatz für den Beruf, sondern spornt vielmehr an, darin das Beste zu leisten.

Könnte aber nicht dennoch der Fall eintreten, wo der Auftrag, den ich übernommen habe, indem ich Jesuit wurde, mit den Zielsetzungen in Widerstreit gerät, nach denen ich mich als Philosophiedozent zu richten habe? Ein derartiger Interessenkonflikt scheint mir auf zweierlei Weise denkbar. Einmal könnte es sich herausstellen, daß ich für eine andere Arbeit im Dienst des Ordens nützlicher bin oder dringender gebraucht werde als zum Philosophielehren. Dann müßte ich meinen Beruf als Professor aufgeben, weil – wie bereits dargelegt – die Aufgabe als Jesuit den Vorrang hat vor dem Beruf, den ich gerade ausübe, um diese Aufgabe zu erfüllen.

Zum anderen aber könnte man meinen, die Absichten, die ich als Jesuit verfolge, hinderten in jedem Fall meinen Einsatz für die Philosophie. Dieser geht es doch darum zu untersuchen, ob und wie der Mensch zur Wahrheit und Freiheit fähig sei, und zu diesem Zweck muß sie selbst unvoreingenommen und frei, allein von der Suche nach Wahrheit geleitet, forschen und lehren. Hingegen scheint der Jesuit sich nicht ungebunden der Wissenschaft widmen zu können, sondern auf eine bestimmte Lehre, nämlich das Christentum festgelegt und nicht dem Wissen, sondern dem Glauben verpflichtet zu sein.

In der Tat hindert jede Festlegung auf irgendeine Ideologie die Philosophie oder macht sie sogar unmöglich, falls man unter Ideologie eine Weltanschauung versteht, die ihre Interessen über die Verpflichtung stellt, nach Wahrheit zu suchen. Nur zählt das Christentum nicht dazu, denn da es an einen Gott glaubt, der die Wahrheit ist, darf es nichts der Suche nach Wahrheit vorordnen, weil es sonst gegen seine Eigeninteressen selbst verstieße.

Insofern es der Philosophie und dem philosophierenden Jesuiten also um Wahrheit geht und er fragt, ob und wie die Menschen ihrer fähig werden könnten, und insofern andererseits begriffen wird, daß nichts dem wirklichen Anliegen des Christentums entspricht, was der Wahrheit zuwider liefe, kann ein sachlich gerechtfertigter Konflikt zwischen dem Einsatz für die Philosophie und dem Dienst an der Kirche nicht entstehen. Im Gegenteil, von hier aus kann verstanden werden, wie das Suchen danach, wie Wahrheit gewonnen werden kann und das Sorgen um die Ausbreitung des Glaubens in eins gehen, kurz, wie ich zugleich Jesuit und Philosophieprofessor sein kann.

Oskar Wermter, *geboren 1942 in Gumbinnen (Ostpreußen), seit 1961 Jesuit, arbeitet als Missionspfarrer in Mangula (Rhodesien, Afrika).*

Wenn es wahr ist, daß die große Trennungslinie nicht mehr zwischen Ost und West, sondern zwischen den Industrienationen des Nordens und den armen Ländern des Südens verläuft, dann kann ich diese Scheidewand noch genauer bestimmen. Sie verläuft durch die Mitte meiner Gemeinde in einem Bergwerksort im Norden Rhodesiens. Links der Hauptstraße liegen die kleinen Reihenhäuser der afrikanischen Bergleute, rechts sind die Gartenbungalows der Europäer. Ich bin Priester für beide.

„Wo Adam und Eva doch weiß waren, wo kommen dann die Schwarzen her?" Zweimal dieselbe Frage, einmal von einem afrikanischen Katechumenen, das andere Mal von einer Europäerin gestellt. Meine Gegenfrage: „Woher wissen Sie, daß Adam und Eva weiß waren?" Der Afrikaner ist leicht überzeugt und atmet auf. Die weiße Lady wehrt sich. Kein Strohhalm ist zu dünn, um sich daran festzuhalten, um den status quo zu rechtfertigen oder: Entmythologisierung in der Praxis.

„... Um den Seelen zu helfen ... sind die Mittel, die das Werkzeug mit Gott verbinden und es dafür bereiten, sich gut von seiner göttlichen Hand leiten zu lassen, wirksamer als die Mittel, die es gegenüber den Menschen bereiten." Vor zwölf Jahren, als Novize, mußte ich diesen Satz in Latein auswendig lernen. Heute gewinnt dieser Satz eine neue Bedeutung. Man möchte an einer gemeinsamen Zukunft für Schwarz und Weiß verzweifeln. Mit den menschlichen Mitteln scheinen wir am Ende zu sein. Die Analysen der Sozialingenieure zeigen die säuberlich getrennten Einzelteile eines Puzzle-Spiels. Doch niemand weiß, wie sie zusammenzufügen sind. Sieht man die Weißen mit afrikanischen Augen, so möchte man den Donnersöhnen beipflichten: „Herr, sollen wir sagen, es möge Feuer vom Himmel fallen und sie verzehren?" (Lk. 9,54.) Der Sog der Gewalt scheint unwiderstehlich. Nur „geleitet von seiner göttlichen Hand" können wir ihm entgehen. Und statt des Feuers der Zerstörung „ein Feuer auf die Erde zu werfen", das vielleicht doch noch ein paar Herzen und Sinne verwandelt.

Zur Zeit, da ich der Gesellschaft Jesu beitrat, hatte ich noch keine Vorstellung von meiner Zukunft. Als ich mich nach ein paar Jahren im Orden für die Mission meldete, war das für mich selber eine Überraschung: ich hatte mich nie zuvor besonders für Mission interessiert. Schließlich sagte ich ja zu einem verlorenen Einzelposten, obschon uns die Gemeinschaft des Ordens heute vielleicht mehr bedeutet denn je. Warum dieser nicht geplante und doch bejahte Weg? Vielleicht, weil man nicht umsonst in den Exerzitien des Ignatius die Bitte ausspricht: „Herr, laß mich nicht taub sein für Deinen Ruf." Danach wäre es unsinnig, die seltenen aber deutlichen Wegmarken nicht sehen zu wollen.

Hätte ich für mich selbst entschieden, hätte ich wohl nicht eine Situation gewählt, die ich so wenig im Griff habe. Um so größer ist die Herausforderung: täglich neu das Wort von der kompromißlosen Liebe des Menschensohnes zu sprechen und, so gut es geht, zu tun. Oftmals unter „Furcht und Zittern", ob man auch den richtigen Schritt tut. Doch lieber sich der widerspenstigen Wirklichkeit aussetzen, einschließlich der Gefahr, darin zu versagen, als aus sicherer Entfernung zwar unfehlbar richtige, aber für den Gang der Dinge unerhebliche Urteile zu fällen. Die Bewährung des Christentums hängt nicht davon ab, ob die Christen ihre Konzeptionen durchsetzen werden, sondern ob ihre Liebe lebbar ist, selbst noch im Scheitern.

„Experiment Christentum"? Meinetwegen! Nur: Experimenteur und Versuchstier sind identisch. Es gibt keine weißen Ratten, die man statt seiner selbst durch die Drahtkäfige jagen könnte.

„Daß auch du es erkannt hättest, was dir zum Frieden dient" (Lk. 19,42). Dieses Wort, so treffend für unsere Situation, zeigt, daß Jesus klar das Unabwendbare sieht. Und doch kehrt er, da seine Zeit gekommen ist, der Stadt nicht den Rücken, sondern geht seinen Weg.

Als mir gute Freunde in gescheiter Argumentation vorlegten, warum sie meinten, den Orden verlassen und der Kirche gegenüber in Distanz gehen zu müssen, habe ich mich anders entschieden. Die Kirche ist nicht ein System von Ideen, mit denen man aus ihr emigrieren könnte, sondern sie ist ein Leib, der durch das eigene Versagen hindurch und unter Schmerzen jeweils neu zu sich selber erwacht. Lieber an ihren Schmerzen teilhaben als außerhalb ihrer selbst sich zu entleiben.

Jeder hat seinen eigenen einmaligen Weg, den ihm niemand abnehmen kann. Und doch hören wir alle auf den einen Ruf. Und soweit uns diese Wege auch auseinanderführen mögen, wir verlieren einander nicht aus den Augen.

Zweiter Teil

Die Jesuiten und ihre Geschichte

1. Urteile über Ignatius

Ignatius von Loyola war als Person und Gründer eines Ordens von Anfang an umstritten. Im folgenden sind einige Zeugnisse zusammengestellt, die von seinen Zeitgenossen bis zu uns heute reichen. Der Bogen spannt sich von überschwenglicher Begeisterung bis hin zu verständnisloser Ablehnung. Manche haben Ignatius und seinen Orden an ihren eigenen Denk-Schemata zu messen versucht, um seine Person auf einen einfachen Nenner zu bringen. Sie blieben dabei oft an der Oberfläche hängen: Geistlicher Militarist, Gegenreformator, Willensmensch, schwarzer Papst. Andere haben versucht, die komplexe Persönlichkeit des Ignatius von seinen eigenen Absichten und seiner Denkart her zu begreifen. Sie übersahen dabei auch nicht die schwachen Punkte im Leben des Ignatius und der Gesellschaft Jesu, die in der Geschichte des Ordens sich deutlich gezeigt haben.

FRANZ COSTER, *1532–1619; Jesuit seit 1553; Mitbegründer des Dreikronengymnasiums zu Köln; Kontroverstheologe; berichtet in einem Brief aus Rom vom 29. Mai 1553 an P. Leonhard Kessel in Köln von seiner ersten Begegnung mit Ignatius.*

„Vorgestern, am Tag vor dem Fest der Dreifaltigkeit, habe ich zum erstenmal den hochwürdigen Vater Ignatius mit unbeschreiblicher Freude und Begierde gesehen. Ich konnte mich gar nicht satt an ihm sehen. Denn sein Antlitz ist so, daß man ihn gar nicht genug anschauen kann. Der Greis ging auf einen Stock gestützt im Garten. Aus seinem Gesicht leuchtete die Frömmigkeit. Er ist sanft, freundlich und liebenswürdig, so daß er mit

Ungelehrt und Gelehrt, Klein und Groß sich gleichermaßen unterhält ... Ein Mann allen Lobes und aller Verehrung würdig!"

Joseph Jansen, Rheinische Akten zur Geschichte des Jesuitenordens 1542–1582 (Bonn 1896), S. 227–228.

HIERONYMUS NADAL, *1507–1580; Jesuit seit 1545; enger Vertrauter des Ignatius; mit vielen wichtigen Ämtern im Orden betraut.*

„Und das möchte ich nicht übergehen, daß unser Vater Ignatius die einzigartige Gnade empfangen hat, in der Schau der heiligsten Dreifaltigkeit frei beten und ruhen zu können ... Diese Gebetsgnade hat unser Vater als großes Privileg in einzigartigem Ausmaß erhalten. Und damit die Gnade, daß er in allen Dingen, Handlungen und Gesprächen Gottes Gegenwart wahrnahm mit einem feinen Sinn für das Geistliche, ja diese Gegenwart schaute und so mitten im Tun beschaulich war; er pflegte dies in das Wort zu kleiden: Wir sollen in allen Dingen Gott finden."

In Examen annotationes (1557), in: Epistolae et Monumenta P. Hieronymi Nadal V (Rom 1962), S. 162.

THOMAS DE PEDROCHE, *Dominikaner; schrieb 1553 eine scharfe Kritik der Exerzitien für den Erzbischof Siliceo von Toledo.*

„... dieser Ignatius oder Iñigo von Loyola wurde, wie bekannt, von der Inquisition als Häretiker notorisch festgestellt. Als einer der Dejados oder Alumbrados (Pseudo-Erleuchtete) floh dieser Iñigo oder Ignatius nach Rom, um der Inquisition zu entkommen ... Ebenso ist zu bemerken und zu erwägen, daß der genannte Ignatius oder Iñigo diese Exerzitien mehr aus der inneren Erfahrung seines Herzens und aus der inneren Salbung des Heiligen Geistes schöpfte als aus den Büchern. Das schmeckt, und zwar nicht wenig, nach der Quelle der Dejados und Alumbrados. Diese lassen und setzen hintan die Offenbarung der Bücher und stützen sich auf das, was ihnen der Heilige Geist im Inneren des Herzens sagt, und halten es für eine unfehlbare Sache, was immer ihnen der Geist Gottes zuspricht."

J. A. de Polanco, Chronicon Societatis Jesu (Madrid 1895) S. 504–505.

LUKAS OSIANDER, *1534–1604; Sohn des Andreas Osiander, des Reformators der Stadt Nürnberg; Hofprediger in Stuttgart; theologischer Schriftsteller und eifriger Polemiker gegen die Gesellschaft Jesu.*

„... Zu diesem seinem verderblichen fürnemen hat er (der Satan) ein newen Orden vor ettlich wenig jaren gestifftet, nämlich die newen Phariseer und Heuchler, die sich Jesuiter, oder auß der Gesellschaft Jesu, fälschlich nennen, der hoffnung, ... also wölle er durch dise newe Phariseische Gleißner vil Leut wider das Euangelion Christi erbittern ... Wiewol man nun von den Jesuitern sagt ... daß sie eusserlich fromb seien ... So hat uns doch der Herr Christus trewlich vor solchen gleissenden falschen Lehrern gewarnet, da er spricht: Sehet euch für, vor den falschen Propheten, die in Schafskleidern zu euch kommen, inwendig aber seind sie reissende Wolffe ... Damit aber ja disen Aposteln des Satans den Jesuitern, an dem Schafskleid nichts mangelte, ... haben sie über alle vorige Gleißnerey, sich auch mit dem heiligen, lieblichen, tröstlichen Namen Jesu zudecken wöllen, von dem sie sich Jesuiter lassen nennen ... Aber diser Name gebürt jnen mit keinem Rechte, dieweil sie die Lehr Christi Jesu verfelschen ... Darumb sollen sie billich nicht Jesuiter, sonder Jesu Wider, Jebuliter, Esauiter, Jesabeliter heissen, und sich nennen, die von der Gesellschafft der Propheten Jesabel, das ist, der Baalspfaffen, oder, von der Gesellschafft der Phariseer, Samariter, und anderer solchen Teuffels Aposteln ...

Warnung vor der falschen Lehr und Phariseischen Gleißnerey der Jesuiter (Tübingen 1569), S. 1–2, 135–136, 140–141.

IMAGO PRIMI SAECULI SOCIETATIS JESU, *Festschrift der flandrobelgischen Jesuiten zur Jahrhundertfeier der Gründung der G. J. 1640; gekennzeichnet durch barocken Überschwang; darin das „Elogium sepulcrale Sancti Ignatii", die „Grabschrift des Loyola".*

„Sein Geist
konnte nicht begrenzt werden vom Umfang des Erdkreises,
Sein Leib
liegt beschlossen in dieser demütig engen Gruft.
Wähnst du, Pompeius sei groß oder Caesar oder Alexander,

Tu auf deine Augen der Wahrheit: größer als diese alle war
Ignatius.
Nicht begrenzt werden vom Größten und dennoch einbeschlossein vom Geringsten, das ist göttlich.
An Tugend der Größte, in Demut der Geringste,
ward ihm die Welt der Welt zu eng,
und die enge römische Gruft ward heilig weit.
Größer war sein Herz als der Raum dieser Erde,
und oft verlangte es ihn, die Grenzen von Welt und Zeit zu sprengen,
um die Werke seiner Gottesliebe zu entfalten.
Geringer als vom Geringsten dachte er von sich selbst,
und immer sehnte er sich nach einem verborgenen Winkel,
der geringer wäre als ein gewöhnliches Grab,
um dort seinen lästigen Leib verscharren zu lassen.
Für den Geist der Himmel. Rom für den Leib..."

Imago Primi Saeculi Societatis Jesu, Antwerpen 1640, S. 280; deutsche Übersetzung: Hugo Rahner, Ignatius von Loyola als Mensch und Theologe, Herder, Freiburg 1964, S. 424–425.

NOVALIS, *1772–1801; frühromantischer Dichter.*

„Zum Glück für die alte Verfassung (der Kirche) tat sich jetzt ein neu entstandener Orden hervor, auf welchen der sterbende Geist der Hierarchie seine letzten Gaben ausgegossen zu haben schien, der mit neuer Kraft das Alte zurüstete und mit wunderbarer Einsicht und Beharrlichkeit, klüger als je zuvor geschehen, sich des päpstlichen Reichs und seiner mächtigen Regeneration annahm. Noch war keine solche Gesellschaft in der Weltgeschichte anzutreffen gewesen. Mit größerer Sicherheit des Erfolgs hatte selbst der alte römische Senat nicht Pläne zur Welteroberung entworfen. Mit größerem Verstand war an die Ausführung einer größeren Idee noch nicht gedacht worden. Ewig wird diese Gesellschaft das Muster aller Gesellschaften sein, die eine organische Sehnsucht nach unendlicher Verbreitung und Dauer fühlen...".

Aus dem Fragment „Die Christenheit oder Europa", 1799 in: Novalis Werke, hrsg. von Gerhard Schulz, Beck, München 1969, S. 506.

EBERHARD GOTHEIN, *1853–1923; Kulturhistoriker.*

„In der Gesellschaft Jesu hat der mächtigste Entwicklungstrieb des Katholicismus der Gegenreformation Gestalt gewonnen; und sie ist von ihrem Gründer ins Dasein gerufen worden mit dem vollen Bewußtsein dessen, was sie werden sollte. Mit genialem Blicke hat Ignatius Loyola scheinbar unvereinbare Widersprüche zu verschmelzen und einem Zwecke dienstbar zu machen gewußt: Er hat unbedingte Entsagung verlangt und doch die Askese abgewiesen, die Schwärmerei künstlich verwertet und sie zugleich von jeder selbständigen Wirksamkeit ausgeschlossen, die Knechtschaft alles Wollens und Denkens als unverbrüchliche Pflicht hingestellt und die vollkommenste Ausbildung aller Fähigkeiten und Seeleneigenschaften ebenso unabweislich gefordert; er hat sich für das unantastbare System der mittelalterlichen Kirche schärfer als irgendein anderer zum Verteidiger aufgeworfen und zugleich die ganze moderne humanistische Bildung in den Kreis der Ordensbestrebungen gezogen; er hat unbekümmert alle Regeln fallen lassen, durch die andere religiöse Genossenschaften eine äußere Gleichheit erzwingen wollten, und doch eine Konstitution gegeben, deren ausgesprochener Zweck es war, in allen Ländern und Völkern die Jesuiten zu einer gleichgesinnten und gleichgeübten Körperschaft zu machen. So hat er eins der merkwürdigsten Kunstwerke, die der menschliche Geist ersonnen, planvoll und folgerichtig aufgeführt. Die Lösung der Frage aber, wie ihm ein solches Werk gelungen ist, liegt durchaus in seiner Persönlichkeit, vorzugsweise darin, daß er stets blieb, was er gewesen war: der spanische Militär, für den die Organisation aller Machtmittel und die stete Kampfbereitschaft, die Schlagfertigkeit in jedem Fall, den Sieg bedeutet, für den aber auch der Sieg das einzige Ziel ist … Seine Originalität als Denker war nur gering, aber er besaß in höchstem Maße die Originalität des Organisators."

Ignatius von Loyola und die Gegenreformation, Niemeyer Halle 1895, S. 1–2, 74, mit Genehmigung des Max Niemeyer Verlages, Tübingen.

Houston Stewart Chamberlain, *1855–1927; Kulturphilosoph; Schwiegersohn Richard Wagners; seine Verherrlichung der nordisch-arischen Rasse war von Einfluß auf die nationalsozialistische Rassenideologie.*

„Der Kampf gegen das Germanische hat sich in einem der außerordentlichsten Männer der Geschichte gewissermaßen verkörpert; hier wie anderwärts hat eine einzige große Persönlichkeit durch ihr Beispiel und durch die Summe von Lebenskraft, die sie in die Welt setzte, mehr vermocht als alle vielköpfigen Konzilien und alle feierlichen Beschlüsse großer Körperschaften ... Die ausnehmende Wichtigkeit Loyolas liegt in seiner hervorragenden Charaktergröße; in einem solchen Manne erblicken wir darum das Ungermanische und das notwendigerweise Antigermanische klar und groß, d. h. in bedeutender Gestalt ... Ich sagte ‚Charaktergröße'; denn in der Tat, andere Größe ist hier ausgeschlossen: wir bemerken bei Loyola weder Philosophische noch künstlerische Gedanken und ebensowenig eigentliche Erfindungskraft ... Aus seiner organisatorischen und agitatorischen Tätigkeit spricht feinste Schlauheit und genaue Kenntnis mittlerer Menschencharaktere (sehr bedeutende oder originelle Leute schloß er prinzipiell aus dem Orden aus), doch nirgends Tiefe ... Mit Ignatius von Loyola stelle ich also vor den Leser den Typus des Antigermanen hin."

Die Grundlagen des 19. Jahrhunderts II, F. Bruckmann KG München 1899, S. 521, 526, 527.

Peter Lippert, *1879–1936; Jesuit seit 1899; religiöser Schriftsteller.*

„Auch die Liebe des Armen von Assisi hat machtvoll auf die Welt eingewirkt ... Aber sie hat es mehr durch sich selbst getan, durch ihr stilles Leuchten und Scheinen, durch ihre entzückende Schlichtheit und Einfalt, durch ihren unbewußten Heroismus. Bei Ignatius ist die Heilandsliebe viel mehr ein Feuerbrand in der Hand eines stürmenden Kriegers, sie ist die Erfüllung des paulinischen Sturmbefehles: Insta opportune, importune. ‚Ob erwünscht oder lästig, ob Leben oder Tod, nur voran!' So kommt es, daß die Gesellschaft Jesu auf ihre Gegner den Eindruck des Aggressiven macht, und sehr viele Vorwürfe, die gegen sie erhoben werden, führen schließlich auf diesen einen zurück: ‚Dieser

Orden kann die Welt aber auch gar nicht in Ruhe lassen.‘ In der Tat, er ist von der ganzen Ruhelosigkeit des Christentums beherrscht, das ja auch niemals mit der vorhandenen Daseinslage der Welt sich zufrieden gibt, sondern sie von Grund aus auf einem immer höheren Niveau aufbauen möchte. Aber auch die empfindlichste Stelle des Jesuitenordens liegt vielleicht gerade in diesem Punkte: Die Scheidelinie zwischen einem heiligen, charaktervollen Ungestüm und einem törichten Voranstürmen ist überaus fein und verhängnisvoll zugleich.“

Zur Psychologie des Jesuitenordens, Kösel, München 1922, S. 52–53.

HEINRICH BÖHMER, *1869–1927; evangelischer Kirchenhistoriker.*

„Als Seelenführer und Organisator war er darum trotz seiner ‚wenigen Wahrheiten‘ im vollen Sinn des Wortes ein Genie, d.h. ‚eine produktive Kraft, die Taten wirkte, welche sich zeigen konnten und Folgen hatten‘. Die letzte Ursache und stärkste Triebkraft dieser Produktivität aber waren drei Eigenschaften, die sehr selten in einem Individuum sich zusammenfinden: eine durch methodische Schulung fast ins Übermenschliche gesteigerte Willenskraft, ein ganz aufs praktische gerichteter, aber der schärfsten Konzentration und Penetration fähiger Verstand und endlich die in eiserner Selbstzucht erworbene Fähigkeit, das eigene Ich bis zum letzten Hauche den Idealen zu opfern, an die er glaubt.“

Studien zur Geschichte der Gesellschaft Jesu I, A. Falkenroth, Bonn 1914, S. 66.

RENEE FÜLÖP-MILLER, *1891–1963; Kulturhistoriker.*

„Nur wenige Menschen haben seit Anbeginn historischer Zeiten eine Idee mit einer so strengen Konsequenz bis zu Ende gedacht, einen Gedanken mit so außerordentlicher Willensanspannung verwirklicht und so tief auf alles menschliche Denken, Fühlen und Handeln eingewirkt wie Ignatius von Loyola... Nur die Lehre Lenins hat in ähnlicher Weise wie jene Loyolas die gesamte Menschheit in Europa, Asien, Afrika und Amerika, die intellektuellen Kreise nicht minder als die untersten Schichten der Gesellschaft, zutiefst aufgewühlt und so große Scharen bedingungslos ergebener Anhänger und unerbittliche Feinde hervorgerufen. Diese beiden Männer... sind mit eiserner Entschlossenheit an die tiefsten Probleme der menschlichen Natur herangetreten und haben sich nicht bloß mit kleinen Veränderungen an der Oberfläche begnügt, sondern das Gehirn, den Glauben, die Vorstellungswelt und den Willen ihrer Jünger vollkommen bezwungen und nach ihrem Sinn umgemodelt. Beide kannten auch das Geheimnis historischer Wirksamkeit, das darin besteht, jede Theorie zur lebendigen Praxis zu machen, ein Zusammenspiel von Phantasie, wissenschaftlicher Erkenntnis, klarer praktischer Überlegung und festem Willen zu schaffen, durch welches allein der Mensch ganz bewältigt werden kann."

Macht und Geheimnis der Jesuiten. Eine Kultur- und Geistesgeschichte, Droemersche Verlagsanstalt Nachf. Knaur, München 1951, S. 46.

GERHARD SCHULTZE-PFAELZER, *Schriftsteller.*

„Loyolas Lebensweg ist durch die angeborene Sucht zur Übersteigerung seiner Wünsche und seiner Handlungen bestimmt worden... Rassische und soziale Herkunft begünstigten seinen Hang zum Übermaß. Er stammt aus nordspanischem Ritterblut, in dem sich baskische, romanische und westgotische Erbströme mischen... Die Persönlichkeit des Gründers läßt in ihrer vielspältigen Leidenschaft schon einen Hauptzug des künftigen Wirkens hervortreten: Sie werden viele Maskierungen verwenden und in allen Kostümen mit stürmischen Übertreibungen auftreten, um zuletzt weder Gott noch der Menschheit zu dienen, sondern die eine Machtidee zu erfüllen, die Führer und Truppe beseelt und verbindet. Ihr unausgesprochenes Hochziel ist die Macht an sich, das Herrschen über andere... Das Christentum muß ihnen die priesterlichen Einkleidungen liefern, damit ihr Machtgedanke niemals nackt zu erscheinen braucht... Der jesuitische Leitgedanke ist seiner tiefsten Natur nach nicht religiös, sondern durch und durch politisch. Aber es ist eine Politik, die immer und überall zum Unglück der davon betroffenen Menschen und Völker ausschlagen mußte. Denn ihr klerikales Ziel konnten niemals den durch Blut, Boden und Zeit gegebenen Aufgaben der Nationen entsprechen."

Das Jesuiten-Buch. Weltgeschichte eines falschen Priestertums, Brunnen Verlag Willi Bischoff, Berlin 1936, S. 20, 41, 314.

Ludwig Marcuse, *1894–1971; Publizist.*

„So setzte sich ein christlicher Atheismus durch. Loyola lockerte das Band zwischen Himmel und Erde. Er bezeugte dem Himmel noch alle traditionellen Ehren – und nahm die Lenkung der Menschheit schon selbst kräftig in die Hand ... Dem General bleibt das Verdienst, die Energien, welche das Christentum entfesselt hat, einem irdischen Ideal dienstbar gemacht zu haben. Loyola hat den alten Menschentraum von einem würdigen und gerechten Leben, der sich zwischen Platon und Marx kaum sehr verändert hat, aus einem Inhalt des Gebets zu einem Kampfziel gemacht. Er ... ist der Totengräber jener konservierenden Erlösungsreligion geworden, für die der Messias bereits erschienen ist."

Ignatius von Loyola. Ein Soldat der Kirche, ro-ro-ro, Hamburg 1956, S. 240–241.

Hugo Rahner, *1900–1968; Jesuit seit 1919; Kirchenhistoriker und Ignatiusforscher.*

„Exerzitien sind seiner Ansicht nach nicht eine ausgebaute Lehre der christlichen Vollkommenheit, sondern ein Grundriß, ein ‚Prinzip und Fundament' für die das Leben umgestaltende Begegnung der Seele mit Gott ... Die Grundkraft, die in dieser Lebensgestaltung unerbittlich und süß zugleich drängt, ist die Liebe, die von Ignatius in das für sein ganzes Wesen kennzeichnendste Wort geprägt wird: in das Wort ‚magis' – die Liebe, die immer ‚mehr' will, die grundsätzlich grenzenlos ist, immer offen nach oben zu einer Dienstbereitschaft in Gott und zu einem Angleichungswillen an Christus, die ihr Maß nur findet an der Unermeßlichkeit der in Christus sichtbar gewordenen Heilandsliebe des Ewigen Vaters ... Dazu tritt jetzt aber eine letzte Formung, und sie ist für die Erfassung des tiefsten Wesens im Denken des Ignatius von entscheidender Bedeutung. Die grundsätzliche Grenzenlosigkeit der im ‚magis' drängenden Liebe wird eingegrenzt von dem Dienstideal in der sichtbaren, der streitenden Kirche. Die maßlose Liebe hat sich in ihrer katholischen Echtheit auszuweisen am Maß, sozusagen am Fleisch und Blut des mystischen Leibes Christi ... Jede Gnade ist zu messen an dem Buchstaben der Kirche, jede Liebe am Gehorchenkönnen, jeder Geist am Leibe des Herrn. Aus der Vereinigung der alles sprengenden Liebe mit dem Eingepreßtsein in den Leib der Kirche entbindet sich jene ungeheure Kraft, die wir in seinem Werk geschichtlich feststellen können."

Ignatius von Loyola und das geschichtliche Werden seiner Frömmigkeit, Verlag Styria, Graz, ²1949, S. 11–12.

2. Leben des Ignatius

Das Ende einer Karriere

Iñigo López de Oñaz y Loyola kam im Jahre 1491 auf dem Landsitz Loyola, nahe dem Städtchen Azpeita, in der baskischen Provinz Guipúzcoa, als letztes von 11 Kindern auf die Welt. Er wurde auf den Namen des Benediktinerabtes Eneco von Oña getauft, der im Baskenland verehrt wurde. Man wählte die baskische Namensform Iñigo. Erst 30 Jahre später, während seines Studiums in Paris, hat Iñigo seinen Namen in Ignatius umgewandelt. Die Familie Loyola gehörte zu den 24 Familien „Parientes Mayores" der Provinz, also zum Landadel. Sie war nicht reich, aber stolz auf ihre kriegerische Vergangenheit.

Als Iñigo geboren wurde, herrschten in Spanien die katholischen Könige Ferdinand und Isabella, und Kardinal Cisneros begann den inneren Aufbau des Reiches. 1492 wurde Granada erobert, die letzte maurische Bastion auf spanischem Boden. Im selben Jahr entdeckte Kolumbus im Auftrag der Königin Isabella Amerika.

Iñigo erhielt als Page am Hof des Großschatzmeisters der Katholischen Könige eine standesgemäße Erziehung. Er hatte den Ehrgeiz, ein guter Soldat zu werden. Und ihm gefiel das „süße Leben": Er hatte Freude an Glücksspielen und war in Frauengeschichten, Duelle, Krawalle und Schlägereien verwickelt.

1517 wurde er Offizier am Hof des Vizekönigs von Navarra. Bei der Verteidigung der Zitadelle von Pamplona gegen eine Übermacht französischer Truppen hatte sich Iñigo der kampflosen Übergabe mit Durchhalteparolen widersetzt. Im Kampf wurde er am 20. Mai 1521, dem zweiten Pfingsttag, schwer verwundet. Das rechte Bein unterhalb des Knies war zerschmettert, das linke verletzt. Diese Episode wurde für Iñigo zur Wende seines Lebens.

Iñigo kam als verwundeter Offizier auf sein väterliches Schloß. Die Heilung war schwieriger als erwartet – und Iñigo wurde die Zeit zu lang. Er bat, daß man ihm spannende Ritterromane zum Lesen besorge, die Krimis der damaligen Zeit. Aber man konnte keine auftreiben und gab ihm ein „Leben Christi" des Kartäusers Ludolph von Sachsen und eine Heiligenlegende des Dominikaners Jakobus de Voragine. Aus Langeweile las Iñigo darin, zunächst mit Widerwillen, dann mit wachsendem Interesse. Zunächst war er noch fest entschlossen, wie ein Ritter große Taten im Dienst eines Herren oder einer Dame zu vollbringen. Aber dann beschäftigten ihn die ganz andersartigen Gestalten der Heiligen. Inigo überlegte sich: Wie wäre es, wenn ich all das täte, was der hl. Franziskus oder der hl. Dominikus getan haben? Dabei begeisterte ihn gerade das Große, das Heldenhafte und das, was in die Augen fiel, und er nahm sich ebenfalls solch schwierige Dinge vor. Dabei verließen ihn aber auch die Gedanken an seine militärische Vergangenheit nicht. Doch machte er eine interessante Beobachtung: wenn er an soldatische Heldentaten oder an galante Abenteuer dachte, fand er zwar beim Denken daran Gefallen, aber hinterher fühlte er sich unzufrieden und mißmutig. Wenn er sich dagegen vorstellte, wie er die Heiligen nachahmen würde, fand er sich auch hinterher froh gestimmt. Iñigo erkannte immer deutlicher, wie nötig es für ihn wäre, sein Leben von Grund auf neu zu beginnen. Er nahm sich vor, nach seiner Heilung eine Bußwallfahrt nach Jerusalem zu unternehmen.

Die Pilgerreise
Ende Februar 1522, als Iñigo wieder bei Kräften war, verließ er das väterliche Schloß. Er begab sich zunächst zu dem nahegelegenen Marienwallfahrtsort Aránzazu und legte dort das Gelübde der Keuschheit ab. Von dort zog er weiter zum Kloster Montserrat. Hier legte er eine Lebensbeichte ab. Eine Nachtwache vor dem Gnadenbild der Mutter Gottes sollte den Anfang seines neuen Lebens markieren. Fast ein Jahr lang lebte Iñigo als Einsiedler in einem kleinen Ort namens Manresa, ein paar Stunden von Montserrat entfernt. Auf eine Periode der inneren Ausgeglichenheit folgte eine Zeit, in der Iñigo mit Skrupeln, Anfällen von Niedergeschlagenheit und Verzweiflung und mit Selbstmordgedanken zu kämpfen hatte. Dann aber wurde er unerwartet mit hohen mystischen Erfahrungen beschenkt, unter

Ignatius von Loyola, Gründer der Gesellschaft Jesu
Geboren 1491 auf Schloß Loyola in Nordspanien begann er eine glänzend Offizierslaufbahn. Nach seiner Bekehrung studierte er ab 1526 Theologie i Alcalá, Salamanca und Paris. Er gründete 1540 mit neun Freunden di „Compañía de Jesús".

Pedro Arrupe, seit 1965 Generaloberer der Gesellschaft Jesu
Arrupe ist Baske wie Ignatius von Loyola, geboren 1907 in Bilbao. Nach Medizinstudium wurde er 1926 Jesuit, studierte in Spanien, Holland und USA, war Missionar in Japan von 1938 bis 1965. Ab 1943 Novizenmeister, ab 1954 Provinzoberer.

anderem über die Geheimnisse der Dreifaltigkeit, der Schöpfung, der Menschheit Christi.

Am Ufer des Flusses Cardoner überkam ihn nach seinen eigenen Worten eine Erkenntnis von Zusammenhängen im geistlichen Leben und im Glauben, wie er sie zuvor nie gehabt hatte. Später meinte er einmal, alle Einsichten seines ganzen Lebens seinen nichts im Vergleich zu jener einzigen gewesen. Es war ihm, als sei er ein anderer Mensch geworden, als habe er einen anderen Verstand erhalten. Sein späteres Gebetsideal, Gott in allen Dingen zu finden, geht wohl auf dieses Erlebnis zurück. Auch erhielt er jetzt ein neues Christusverständnis. Bisher hatte er Christus vor allem als den Leidenden verehrt, jetzt sah er in ihm den König, der seine vom Vater erhaltene Aufgabe noch nicht vollendet hatte. Iñigo selbst spürte die Berufung, ein Mitarbeiter Christi zu werden. Die wesentlichen Grundeinsichten von Manresa hat Iñigo in seinem Büchlein der geistlichen Übungen niedergelegt, die aber ihre endgültige Form erst später in Paris und Rom gefunden haben.

Nach dem einjährigen Aufenthalt in Manresa hielt Iñigo die Zeit für gekommen, seine geplante Pilgerrreise ins Heilige Land anzutreten. Er wollte in dem Land leben, in dem Jesus gelebt hatte. Aber zu seiner größten Enttäuschung konnte er dort nicht bleiben. Er wurde ausgewiesen und kehrte nach Spanien zurück. Damals war er 33 Jahre alt. Iñigo entschloß sich jetzt, ein ordentliches Studium zu absolvieren.

In Barcelona saß er mit Gymnasiasten auf einer Schulbank und lernte Latein. Es folgte das Studium der Philosophie in Alcalá und Salamanca. In dieser Zeit erteilte Iñigo Leuten aus seinem Bekanntenkreis die „Geistlichen Übungen“ und weckte damit den Argwohn der kirchlichen Behörden.

Studium in Paris

Um sein Studium gründlicher betreiben zu können, ging er nach Paris, dem damaligen Mittelpunkt der Wissenschaften. Hier studierte er sieben Jahre lang, von 1528–1535, und erlangte den Magistergrad. In Paris gelang es ihm auch nach mehreren Fehlschlägen, Freunde zu finden, die mit ihm die gleichen Ideen teilten. Nachdem Ignatius ihnen die „Geistlichen Übungen“ gegeben hatte, zogen die Freunde am 15. August 1534 zur Martyrerkapelle auf dem Montmartre bei Paris: Die Basken Ignatius von Loyola und Franz Xaver, der Französisch-Schweizer Peter Faber, der Portugiese Alfons Rodrigues und die Spanier Diego Laínez, Alfons Salmerón und Nikolaus Bobadilla. Sie legten die Gelübde der Armut und Keuschheit ab und versprachen eine Pilgerfahrt ins Heilige Land. Sollte aber die Überfahrt innerhalb eines Jahres nicht möglich sein, dann wollten sie nach Rom umkehren und den Papst als den Stellvertreter Christi und den Mann mit der besten Übersicht über die Nöte der Christenheit bitten, er möge entscheiden, was sie tun sollten. An die Gründung eines Ordens aber dachten sie damals noch nicht.

Tatsächlich erwies sich die Pilgerfahrt als unmöglich. So trat die Papstklausel des Gelübdes vom Montmartre in Kraft. Inzwischen waren alle Mitglieder des Freundeskreises zu Priestern geweiht worden. Die Gruppe nannte sich „Gesellschaft Jesu", weil, wie sie erklärte, Jesus ihr einziges Oberhaupt sei. Die Gruppe zog nach Rom. Kurz vor der Stadt (es soll bei der Kapelle von La Storta gewesen sein), sah Ignatius im November 1537 in einer Vision, wie Gott der Vater ihn dem kreuztragenden Christus beiordnete. Darin erblickte Ignatius die göttliche Bestätigung seines bisherigen Weges. Papst Paul III. nahm ihr Angebot an und betraute sie in Rom mit Seelsorgsaufgaben: Predigen, Beichthören, Katechese geben, Vorlesungen halten, Geistliche Übungen erteilen, die Ordensreform vorantreiben.

Die Gruppe wird zum Orden

Als aber der Papst 1539 einige der Gefährten zu einer Arbeit nach Siena sandte, erhob sich die Frage, ob sie ihre Gemeinschaft auflösen oder ob sie zusammenbleiben und einen Orden gründen sollten. Nach langem Hin und Her entschlossen sie sich dazu, einen Orden zu gründen, und sie legten dem Papst ihr Grundsatzprogramm vor. Maßgebliche kirchliche Kreise brachten Einwände vor – sie fanden den neuen Orden zu modern. Trotz dieser Bedenken bestätigte Paul III. am 27. September 1540 die Gesellschaft Jesu mit der Bulle „Regimini militantis Ecclesiae". Die Bulle enthielt die Grundkonzeption des neuen Ordens: Den Namen, das spezifische Ordensziel, nämlich das Apostolat im weitesten Sinne, das besondere Gelübde des Papstgehorsams. Das Ziel eines möglichst universalen und wirkungsvollen Apostolates führte zu einer Reihe weiterer Bestimmungen: Abschaffung von klösterlicher Observanz, von Chor und Habit, statt dessen das Ideal der „gewöhnlichen Lebensweise"; Zentralisierung der Regierung; lange Ausbildungs- und Probezeit.

1541 wurde Ignatius zum Generaloberen des neuen Ordens gewählt. Er gab auch jetzt weiterhin „Geistliche Übungen", erteilte Katechismusunterricht, hielt Predigten. Er rief eine Reihe karitativ-sozialer Werke in Rom ins Leben, wie das Marthahaus für ehemalige Prostituierte, das Katharinenstift für gefährdete Mädchen, ein Waisenhaus für Jungen und eines für Mädchen, die Gesellschaft der 12 Apostel für die Armenpflege. Aber seine Haupttätigkeit in den letzten 16 Jahren seines Lebens konzentrierte sich mehr und mehr auf die Leitung des Ordens. Er begann, an der Abfassung der Konstitutionen der Gesellschaft Jesu (der Satzungen des Ordens) zu arbeiten. Dabei half ihm seit 1547 vor allem sein Sekretär Juan de Polanco. Anläßlich des heiligen Jahres 1550 rief Ignatius seine ersten Gefährten nach Rom, um die Konstitutionen zur Bestätigung vorzulegen. Dann wurden sie probeweise veröffentlicht. Aber bis zu seinem Tod arbeitete Ignatius noch an Einzelheiten der Satzungen.

Der Mann im Zentrum

In den 16 letzten Lebensjahren des Ignatius wuchs der neue Orden von 10 Gefährten 1540 auf 1000 Jesuiten in 13 Ordens-Provinzen (1556). Allein in Europa gab es 46 Kollegien. Diese Kollegien sollten ursprünglich nur der wissenschaftlichen Ausbildung des Ordensnachwuchses dienen. Nach kurzer Zeit änderten sie ihre Konzeption und wurden öffentliche Schulen. Sie wurden zu Zentren der katholischen Reform. In Rom gründete Ignatius das „Collegium Romanum" als Vorbild für die übrigen Kollegien, dazu das „Collegium Germanicum" für den deutschen Priesternachwuchs. Mit einer umfangreichen Korrespondenz suchte Ignatius die in aller Welt zerstreuten Mitbrüder zusammenzuhalten. Fast 7000 Briefe sind von ihm erhalten. Häufig findet man in den Briefen die Notiz, daß Ignatius wieder einmal krank sei. Er litt an einer Gallenerkrankung, die aber nicht richtig erkannt und behandelt worden war. Am 31. Juli 1556 starb er im Alter von 65 Jahren.

Es ist außerordentlich schwierig, Ignatius kurz und treffend zu charakterisieren. Der Grund dafür liegt darin, daß er in sich eine Reihe von Gegensätzen vereinte, die in einer unaufhebbaren Spannung standen. Auf der einen Seite war Ignatius ein Mann der Askese und des Willens, auf der anderen war er ein begnadeter Mystiker. Er hält die Spannung aus mönchischer Zurückgezogenheit und politischem Engagement, einem Zug zum Großen und der Liebe zum Detail, zwischen Begeisterung und Nüchternheit, zwischen Offenheit für den unerwarteten Einbruch des Geistes und minuziöser Gebetstechnik. Er war ein Organisationsgenie und gleichzeitig ein Meister der Improvisation.

Er besaß ein grenzenloses Vertrauen zur Vorsehung und setzte doch alles auf den persönlichen Einsatz. Von seinen Leuten verlangte er Gehorsam, setzte aber gleichzeitig Eigeninitiative und Unterscheidungsvermögen voraus. Ignatius war ein Mann, der sich nicht auf eine Formel bringen läßt. Man kann ihm nur mit dialektischen Aussagen näher kommen. Das ist wohl auch ein Grund dafür, warum es bis auf den heutigen Tag noch keine endgültige Biografie des Ignatius von Loyola gibt.

3. Das erste Jahrhundert der Jesuiten

Ignatius hat in seinen Konstitutionen dem neuen Orden nur wenige Grundideen mitgegeben: der größere Dienst Gottes, das universale Apostolat für das Heil der Seelen, die völlige Verfügbarkeit für die Kirche, der Einsatz aller sittlich einwandfreien Mittel für dieses Ziel. Aber diese wenigen Prinzipien bargen in sich eine Dynamik, die sich in einer auf den ersten Blick verwirrenden Fülle von Arbeiten, Gründungen, Aktionen und Ideen enthüllte. Auf vielen Arbeitsgebieten schuf der Orden neue und eigenständige Methoden. Er erwies sich als wahrhaft modern.

Die stürmische Entfaltung des Ordens im ersten Jahrhundert seines Bestehens hängt eng zusammen mit der Situation jener Zeit. Vorangegangen war die Zeit der Renaissance und des Humanismus mit der emphatischen Betonung der menschlichen Werte und der Bildung. Die Gesellschaft Jesu sah das wertvolle in diesen Strömungen und nahm es in sich auf.

Einen ersten Eindruck vom Elan der neuen Gründung vermögen schon die Zahlen zu vermitteln. 1540 bestand der Orden aus den 10 „Gründervätern“ und einigen Kandidaten. 1556, beim Tode des Ignatius von Loyola, zählte man bereits etwa 1000 Jesuiten, davon allerdings über 900 Ordensstudenten. 100 Jahre später, 1640, gab es etwa 16000 Jesuiten in 35 Provinzen. Sie lebten und arbeiteten in 521 Kollegien, 49 Seminaren und etwa 280 kleineren Niederlassungen. Ein beträchtlicher Teil der akademischen Elite ging durch die Kollegien des Ordens, nicht wenige von ihnen meldeten sich in den Noviziaten der Jesuiten.

Kollegien und Kongregationen

Mehr als Zahlen sagt eine Übersicht über die wichtigsten Arbeiten. Am stärksten entwickelten sich die Kollegien. Dahinter stand nicht so sehr der eigene Wunsch der Jesuiten, denn die Beweglichkeit des Ordens wurde durch diese Schulen ziemlich beeinträchtigt. Aber Nuntien, Bischöfe, Fürsten und Städte baten oft stürmisch um die Gründung eines Jesuitenkollegs, und der Orden folgte diesem Zeichen der Zeit. In den Kollegien wurde der Jugend eine Bildung vermittelt, die auf der Höhe des damaligen Humanismus stand.

Ebenso wichtig war den Jesuiten die charakterliche und religiöse Bildung der Jugend. Sie erzogen sie zur Treue im katholischen Glauben, zum regelmäßigen Sakramentenempfang, zur Marienverehrung. Als ein hervorragendes Mittel zur charakterlichen Bildung erwies sich das Schultheater.

Eines der wichtigsten seelsorglichen Mittel zur Erneuerung und Bewahrung des katholischen Lebens waren die Marianischen Kongregationen. Hier entstand so etwas wie eine geistliche Jugendbewegung. In der zweiten Hälfte des 17. Jahrhunderts schätzt man ihre Zahl allein im Bereich der drei deutschen Ordensprovinzen auf knapp 400000. Ganz dem Geist der Gesellschaft Jesu entsprachen die Hauptziele der Marianischen Kongregationen: Selbstheiligung und Apostolat. Man stellte sich unter den Schutz der Mutter Gottes und wollte ihrem Vorbild nacheifern. In großen Städten bestanden Kongregationen für Klerus und Akademiker, für Studenten, jüngere Schüler, für Bürger, für Gesellen. Kongregationen für Frauen wurden offiziell erst im 18. Jahrhundert anerkannt.

Exerzitien und Beichte

Eine besondere Aufgabe sahen die Jesuiten darin, die Erfahrungen der Geistlichen Übungen, der Exerzitien an andere weiterzugeben. Meist gaben sie damals Einzelexerzitien. Doch wurden die Exerzitien häufig auch Klostergemeinschaften gegeben. Die Grundgedanken der Exerzitien, vor allem die „Erste Woche" mit Umkehr und Beichte wurden breiten Schichten des Volkes durch die Volksmission nahegebracht. Vor allem auf dem flachen Lande und in den Pfarreien wirkten die Volksmissionare und bewirkten eine umfassende Erneuerung der katholischen Christen.

Von großer Bedeutung waren die Jesuiten als Berater im kirchlichen Dienst. Sie wirkten als Begleiter von Nuntien oder

Peter Kanis, genannt Canisius, erster deutscher Provinzial
Geboren 1521 in Nijmegen trat er 1543 dem Orden bei, war 1547 Theologe des Konzils von Trient, ab 1549 Professor und Prediger u. a. in Wien, Prag, Augsburg, Regensburg, Köln. Als Schriftsteller wurde er bekannt durch seine Katechismen.

Bischöfen auf Reichstagen und bei Religionsgesprächen. So zum Beispiel Peter Faber. Antonio Possevino reiste im päpstlichen Auftrag nach Schweden, Polen und Rußland.

Heikel, oft zwiespältig, war die Stellung der Fürsten- und Hofbeichtväter. Der Orden sah zwar die Gefahren, die mit dieser Tätigkeit verbunden waren: Der betreffende Pater konnte durch das leichte Hofleben korrumpiert werden, noch mehr aber bestand die Gefahr, daß der Beichtvater und damit der Orden für unpopuläre oder falsche Entscheidungen des Fürsten verantwortlich gemacht wurde. Dennoch übernahmen die Jesuiten häufig diesen Dienst.

Missionen und Reduktionen

Ein weiteres Hauptfeld der Tätigkeit der Jesuiten war von Anfang an die Heidenmission. Ignatius und seine ersten Gefährten hatten 1534 den Plan gehabt, im Heiligen Land die Mohammedaner zu missionieren. Nur die widrigen Umstände hatten sie daran gehindert. Der erste Jesuitenmissionar Franz Xaver war aber gleich der erfolgreichste. Ein Kennzeichen der jesuitischen Missionsmethode war die Akkomodation. Statt die Asiaten zu europäisieren, paßten sich die Patres möglichst an die einheimische Kultur und Mentalität an, soweit sie nicht dem Glauben widersprachen.

Die neuzeitliche China-Mission wurde durch den Italiener Matteo Ricci (gest. 1610) gegründet. Der Deutsche Adam Schall von Bell (gest. 1666) brachte sie auf ihren Höhepunkt. Beide versuchten den Weg zur Christianisierung über das Kaiserhaus in Peking und die Wissenschaft. Sie hatten dabei große Erfolge. Ricci faszinierte die Welt der Gelehrten durch seine rund zwanzig in chinesischer Sprache geschriebenen wissenschaftlichen Werke.

Schall reformierte den chinesischen Kalender, gab 150 Bändchen mathematischer Forschungen heraus und konstruierte optische, astronomische, hydraulische und Musik-Instrumente.

Die Erfolge für die Christianisierung blieben nicht aus. 1720 gab es in China rund 300000 Katholiken. Das Ende dieser blühenden Mission kam aus Europa. Der „Ritenstreit" ist das bekannte Stichwort für diesen weltgeschichtlichen Prozeß. Die Jesuiten hatten chinesische Riten als rein bürgerliche Zeichen und Gebräuche beurteilt, während Missionare anderer Orden und die Päpste glaubten, die Riten als unchristlich verurteilen zu müssen.

Adam Schall von Bell, Missionar und Astronom in China
Schall wurde 1591 in Köln geboren, studierte außer Theologie noch Mathematik, Astronomie und Physik. Er lebte ab 1630 am Kaiserhof in Peking als Hofastronom. Durch ihn gewann das Christentum Ansehen und Wachstum in China.

Diese Verurteilung brachte den erbitterten Widerstand der chinesischen Kaiser gegen das Christentum und entsetzliche Verfolgung für die Christen.

Ein weiteres Feld der Jesuiten-Missionare war Südamerika. Bekannt wurden vor allem die Indianer-Reduktionen in dem sogenannten „Jesuitenstaat von Paraguay" ab 1610. Es handelte sich um den Versuch, zusammen mit der Bekehrung der Indianer ein christliches Sozialsystem einzuführen und die Indianer so vor der Ausbeutung durch Spanien zu schützen. Die Bewohner lebten weitgehend von der Landwirtschaft, wobei der Boden und sein Ertrag Gemeineigentum waren. Die weitgehend autarken Reduktionen unterstanden dem spanischen Vizekönig und waren tributpflichtig.

Öffentliches und privates Leben wurden völlig von der Religion geprägt. Als 1773 die Gesellschaft Jesu aufgehoben wurde, nahte auch das Ende für die 30 SJ-Reduktionen mit rund 100000 Indianern. Das Experiment einer neuen Missionsmethode und Wirtschaft scheiterte nicht von innen, sondern durch politische Gewalt in Europa.

Wissenschaften

Die Gesellschaft Jesu setzte sich im ersten Jahrhundert stark auf dem Gebiet der Wissenschaft ein. Der bekannteste Theologe war der Spanier Suárez (gest. 1619); die theologische Auseinandersetzung mit dem Protestantismus hatte in Kardinal Robert Bellarmin (gest. 1621) ihren führenden Vertreter. Dem Interesse an der historischen Wahrheit diente das Kollegium der Bollandisten, die eine kritische Ausgabe der Geschichte aller Heiligen des Kalenders begannen. In der Moral führte das Interesse der Jesuiten an der pastoralen Praxis zur Ausbildung der Kasuistik. Der bekannteste Autor des Jesuiten-Theaters war Jakob Bidermann (gest. 1639) mit seinem „Cenodoxus", der bedeutendste Friedrich von Spee (gest. 1635), der auch durch seine „Cautio criminalis" berühmt ist, in der er als einer der ersten gegen die Hexenprozesse Stellung nahm.

Die ersten Generalobern des Ordens.

Im ersten Jahrhundert ihres Bestehens erlebte die Gesellschaft Jesu nicht nur eine großartige Entfaltung, sondern auch eine folgenreiche innere Entwicklung. Diego Laínez, Ignatius' Nachfolger, förderte die Gründung von Kollegien und war viel auf dem

Konzil von Trient tätig. Sein Nachfolger, der heilige Franz Borja, sorgte in erster Linie für die innere Festigung des Ordens.

Von 1581–1615 war Claudio Acquaviva Generaloberer der Gesellschaft Jesu. Er mußte sich gegen eine Opposition im Orden durchsetzen, die vor allem aus Spanien kam. Auch hier wie schon einige Jahrzehnte vorher gab es im Orden harte Auseinandersetzungen darüber, wie „mönchisch" die Jesuiten sein sollten oder könnten. In die Amtszeit von Claudio Acquaviva fiel auch der sogenannte Gnadenstreit zwischen den Dominikanern und den Jesuiten über das Verhältnis von göttlicher Gnade und menschlicher Willensfreiheit.

4. Der Weg bis zur Aufhebung

Im ersten Jahrhundert ihres Bestehens war die Gesellschaft Jesu ein geschichtsbestimmender Faktor. Wir besitzen dafür den Beweis in der Jubiläumsschrift. „Imago primi saeculi".

Forscher wie Böhmer lassen den historischen Elan der Gesellschaft Jesu mit dem Ende des Generalats des Claudio Acquaviva erlahmen. Auch jetzt ergaben sich noch bestaunte Leistungen, wie etwa in der China-Mission, in den Reduktionen, in den bemerkenswerten Arbeiten der inneren Mission, etwa die Erneuerung ganzer Landschaften, wie z.B. der Bretagne unter Julien Maunoir, der Eifel und des Mittelrheins im 18. Jahrhundert. Da aber sowohl China wie Paraguay ohne eigentliches Verschulden der Jesuiten keine weitere Frucht brachten und unterdrückt wurden, ändern sie wenig am Gesamteindruck, den die SJ in Europa machte.

Erstarrung

Sie war vor allem damit beschäftigt, ihre Stellungen zu festigen. Sie gehörte jetzt zu den etablierten Mächten, denen es an der Erhaltung ihrer Stellung eher als am Aufbruch zu neuen Horizonten gelegen war. Der gegenreformatorische Impuls erlosch mit der Verfestigung des Besitzstandes durch den Westfälischen Frieden. Gleichzeitig schuf sich seit 1640 die SJ im aufkommenden Jansenismus, einer antirömischen Häresie, eine innerkirchliche Front, die außerordentlich viele geistige Kräfte wichtigeren Anliegen gegenüber band.

Das sinkende Ansehen des Papsttums hat natürlich auch die

Jesuiten betroffen. Charakteristisch für diese Epoche bleibt es auch, daß die SJ, eigentlich im Gegensatz zur prinzipiellen Einstellung, das Papsttum jetzt um Hilfe angeht – nachdem es ihm ein Jahrhundert lang Hilfe geleistet hatte –, zumal im Jansenisten- und Ritenstreit. Die Rollen scheinen vertauscht. Zu den Patres der fünften Generalkongregation hatte Papst Clemens VIII. 1594 in einer Audienz gesagt: „Um ganz offen zu reden: vor einem müßt Ihr Euch in acht nehmen, vor Stolz."

An dieses Wort hätte die SJ sich später oft genug erinnern müssen, doch sie hat es nicht getan. Sie erstarrte gleichsam im Erfolg und paßte sich dem barocken Stil des Zeitalters nur in der Form an: es waren die Herren Patres Jesuiten.

Äußere Erschwernisse

Hinzu kam, daß es andere neue Orden gab, z.B. die Kapuziner für die Volksseelsorge. Erneuerte Orden, wie die Benediktiner für die Wissenschaft. Auch der Weltklerus beteiligte sich an der Arbeit auf den Feldern, die früher die SJ allein bearbeitet hatte. Die eindrucksvolle, nie leerwerdende Liste der Anwärter auf einen Ruf in die Mission kann vielleicht auch so erklärt werden, daß die besten und idealsten Mitglieder der SJ dieser als Stillstand empfundenen Lage in freiere Luft entfliehen wollten.

Im 18. Jahrhundert entwickelte sich der historische Kampf der Kirche mit der Epoche der Aufklärung. Diese wandte sich zunächst gegen die SJ, weil diese sich als die besonders verpflichtete Bastion der infragegestellten Werte empfand. Leider hatte sie den überraschenden Initiativereichtum ihres ersten Jahrhunderts weithin eingebüßt. Sie beschränkte sich auf die Verteidigung. Es fehlten ihr originelle Geister, die hinter der Feindschaft der „Philosophen" die positiven Werte der Freiheit und Toleranz erspürt und aufgegriffen hätten und jenen Drang nach einem hochangesetzten Ideal von Gerechtigkeit, Wahrheit und Menschenwürde, das an sich zu dem innersten Anliegen der Kirche Jesu Christi gehört. So kämpften die Jesuiten verzweifelt gegen die steigenden Fluten des Skeptizismus, Deismus und des Atheismus, ohne in überzeugender oder gar mitreißender Form die gegnerischen Kräfte auffangen und umwerten zu können. In China endete das großangelegte Experiment der Anpassung nicht ohne Schuld innerkirchlicher Elemente in Enttäuschung, in Indien wurde es gleichfalls lahmgelegt. In Südamerika begann die Zerstörung durch die absolutistische Politik Portugals und

Spaniens. In Nordamerika setzte sich ein intoleranter Protestantismus durch. So sammelten sich von allen Seiten her jene Mächte, deren vereintem Ansturm die SJ erlag. Zahlenmäßig war sie immer noch gewachsen und hatte sich auch in einzelnen Vertretern den neuen Geistesbewegungen geöffnet, nur nicht als Ganze.

Unterdrückung und Aufhebung

Am 21. Dezember 1739 schrieb der Generalobere P. Franz Retz an alle Provinzoberen, man möge in Anbetracht der kritischen Zeit jegliche öffentliche Feier zum zweiten Jahrhundertjubiläum unterlassen. Verglichen mit dem Überschwang des ersten Jahrhunderts mutet die Mahnung an wie ein Abgesang, bevor der Vorhang fällt.

Was war eigentlich geschehen? Die SJ hatte zwar versucht, mit der beginnenden Aufklärung gleichzuziehen. Sie hatte in Lehre und Predigt dem aufsteigenden Großbürgertum zu einem religiösen Selbstverständnis zu verhelfen gesucht, sie hatte dem Gallikanismus Konzessionen gemacht, doch vergeblich. Der Zusammenbruch des Ordens wurde herbeigeführt durch den Geist der neuen Zeit, der antirömisch, antichristlich und offenbarungsfeindlich war. Schließlich auch durch die internationale Freimaurerei.

Die gewaltsame Unterdrückung der SJ erfolgte in Etappen: Unter ihrem letzten Generaloberen Lorenzo Ricci (1758–1773) wurden die Jesuiten 1759 aus Portugal, 1764 aus Frankreich, 1767 aus Spanien und Neapel, 1768 aus Parma verjagt. Dem Druck der Bourbonenhöfe wich Papst Clemens XIV. 1773 mit dem Aufhebungs-Breve „Dominus ac Redemptor". Weil die erstgenannten Länder noch bedeutende Kolonialreiche besaßen, wurden die Jesuiten auch in Übersee, wo sie zumal in den beiden Teilen Amerikas großangelegte und zukunftsträchtige Werke ausbauten, den Missionen der Kirche entzogen. In Europa konnten sie vorerst als Weltpriester weiterarbeiten, gelegentlich auch in Gemeinschaften. Aber sie verloren sich praktisch im übrigen Klerus und starben aus. In Preußen blieben sie als SJ drei Jahre lang erhalten, da Friedrich II. Interesse an den SJ-Schulen hatte.

Im Unterschied zu Preußen aber ließ sich Kaiserin Katharina in ihrem Vorhaben, die SJ zu erhalten, nicht erschüttern. Sie erreichte durch diplomatische Vorstöße sogar eine Duldung ihres

Vorgehens, allerdings ohne daß dieses aktenkundig hätte werden können. Die Kontinuität war damit gesichert und bestätigt.

Wiederherstellung
Der Zusammenbruch der Front der Bourbonen seit der Französischen Revolution und die Bewußtseinsveränderung der Kurie unter Pius VI. und vor allem unter Pius VII. ermöglichten von 1800 an einen Wiederaufbau der SJ ebenso in Etappen, wie es die Auflösung gewesen war. Bereits 1793 erbat sich Herzog Ferdinand von Parma einige Jesuiten aus Polen. Der Papst erlaubte daraufhin die Errichtung eines Noviziats.

Am 7. März 1801 wurde die SJ durch das Breve „Catholicae Fidei" in Rußland formal anerkannt. Von da ab erfolgte der langsame Wiederaufbau: in England 1803, in Neapel 1804, in den Vereinigten Staaten von Nordamerika 1805. Auch wurden Missionen wieder neu errichtet im Kaukasus, an der Wolga und in Sibirien. Die feierliche Wiederherstellung des Ordens „Urbi et Orbi" erfolgte am 7. August 1814 durch Pius VII. Er betonte die umfassende Hirtensorge für eine allseits bedrängte Kirche und meinte, es sei ein unverzeihliches Verbrechen, wenn der Papst die geübten Ruderer nicht wieder einsetzen würde bei der Führung des sturmgeschüttelten Schiffes Petri.

Bewußtseinsbestimmend wurde für die neue Gesellschaft Jesu zunächst, daß der Papst selbst im Moment der Restauration im Kirchenstaat den Akt der Wiederherstellung vorgenommen hatte. Papst und Kardinalstaatssekretär Consalvi erwarteten nun von den dankbaren Jesuiten Identifikation mit den restaurativen Tendenzen der Politik des Heiligen Stuhls. Das sollte sich gesamteuropäisch als Unterstützung der Politik der Einheit von Thron und Altar ausweisen.

5. Die zweite Chance

Die Gesellschaft Jesu wurde wiederhergestellt unter dem Zeichen der Restauration, des Bewahrens. Man hatte die Französische Revolution und ihre Schrecken erlebt und erblickte darin eine Wirkung des gleichen Geistes, dem auch die Gesellschaft Jesu zum Opfer gefallen war. Man sehnte sich nach Ruhe und Ordnung und wollte deshalb wieder anknüpfen an den Verhältnissen vor der großen Revolution.

Die Gesellschaft Jesu wurde als ein Bollwerk zum Schutz von Thron und Altar angesehen, eine Sicht, die der wirklichen Geschichte der Gesellschaft vor 1773 nicht unbedingt entsprach. Die konservativen Kräfte in Kirche und Staat betrieben die Wiederherstellung der Gesellschaft Jesu und förderten sie, die liberalen Kreise waren ihr aus demselben Grunde meist feindlich gesinnt. Die Jesuiten wiederum glaubten sich der Intention derer, die sie erneut ins Leben gerufen hatten, verpflichtet und traten kirchlich wie politisch für die konservative Sache ein. Die innere Freiheit und Selbständigkeit, wie sie der alten Gesellschaft Jesu eigen gewesen war, fehlte der neuen im 19. Jahrhundert vielfach.

In den ersten Jahren bemühte man sich, die alten Arbeiten wieder zu übernehmen, besonders die Kollegien, so als sei der Orden noch ebenso groß wie 1773. Er hatte jedoch 1830 erst rund 2000 Mitglieder. Man versuchte auch in der inneren Struktur des Ordens bis in die Einzelheiten hinein möglichst an die Bestimmungen der alten Gemeinschaft wieder anzuknüpfen, so als sei die Zeit inzwischen stehengeblieben.

Der Generalobere, der als neuer Gründer bezeichnet werden kann, war von 1829 bis 1853 der Niederländer Johann Philipp Roothaan. Er sah klar die Gefahr, die in einem hastigen äußeren Wiederaufbau lag, und bemühte sich vor allem um den inneren, aszetischen und wissenschaftlichen Ausbau der Gesellschaft. Eindringlich verwies er seine Mitbrüder auf die Geistlichen Übungen des Ignatius. Für die Kollegien veröffentlichte er eine den Umständen der Zeit angepaßte Studienordnung. In seiner Amtszeit übernahmen die Jesuiten auch wieder neue Aufgaben in der Mission.

Politische Verfolgung

Kennzeichnend für die Geschichte der Jesuiten im 19. Jahrhundert ist eine große äußere Unruhe. Kaum irgendwo konnten sie eine Arbeit in Muße beginnen und auf Dauer fortsetzen. Aus fast allen Ländern Europas wurden sie irgendwann vertrieben. Das begann 1820 mit der Vertreibung aus Rußland. In den nächsten Jahren wurden die Jesuiten aus Spanien, Neapel, Frankreich und Portugal vertrieben. 1847 wies man die Jesuiten im Zuge des Sonderbundskrieges aus der Schweiz aus. Im Revolutionsjahr 1848 war der größere Teil der europäischen Jesuiten auf der Flucht. Aus Deutschland wurden sie 1872 ausgewiesen.

Ein wichtiger Grund für diese Feindseligkeiten war das Eintreten der neuen Gesellschaft Jesu für die konservative Sache. Alle Gegner der Restauration sahen deshalb auch in den Jesuiten ihre Feinde: Liberale, Republikaner, Freimaurer, Sozialisten. Ein weiterer Grund für die Verfolgungen lag in den übertriebenen Machtansprüchen der Nationalstaaten gegenüber der Kirche. Im Kampf gegen Kirche und Papst griff man zuerst die Jesuiten an. Dazu kam, daß die Protestanten in den Jesuiten immer noch die Avantgarde der Gegenreformation sahen.

Diese Gründe spielten bei den spektakulären Jesuitenvertreibungen im deutschsprachigen Raum eine wichtige Rolle: in der Schweiz entlud sich der Konflikt zwischen Liberalen und Konservativen und fand seinen dauernden Niederschlag im Jesuitenparagraphen der Schweizer Bundesverfassung, der erst 1973 in einer Volksabstimmung abgeschafft wurde. Im deutschen Kulturkampf standen andere Motive im Vordergrund: man wollte ein ungeteiltes preußisch-protestantisches Kaiserreich mit einer nationalen Kirche, unabhängig von Rom. In den Jesuiten erblickte man – zu Recht – die Vorkämpfer des Papsttums, einer außerdeutschen Macht. Die Jesuiten hatten den Syllabus Pius' IX. von 1864 verteidigt. Sie traten für die Definition der Unfehlbarkeit des Papstes auf dem Ersten Vatikanischen Konzil ein, sie standen in der „Römischen Frage" auf seiten der weltlichen Herrschaft des Papstes. Das Jesuitengesetz vom 4. 7. 1872 verbot den Orden auf dem Gebiet des Deutschen Reiches und löste seine Niederlassungen auf. Über 775 Jesuiten gingen außer Landes: viele nach den USA, nach Brasilien und anderen Ländern Lateinamerikas. Die Studienhäuser und Ausbildungsstätten wurden in die Niederlande verlegt. Die Vertreibung aus Deutschland machte besonders viele Jesuiten für die Missionsgebiete frei. Erst 1917 wurden die Jesuitengesetze in Deutschland endgültig wieder aufgehoben.

Die neuen – alten – Arbeiten

1814 glaubte die Gesellschaft Jesu auch in ihren Arbeitsfeldern direkt wieder an die Zeit von 1773 anknüpfen zu können. Aber die Zeiten hatten sich inzwischen geändert. Die Unterstützung durch Fürsten und Regierungen, die früher große Werke ermöglicht hatten, fehlte.

Die wichtigsten Arbeitsgebiete waren wiederum die Kollegien. Gleich bei der Wiederherstellung bestand eine große Nachfrage nach Jesuitenschulen, viel mehr, als der Orden zu leiten im Stande war. Die Zahl der Jesuitenschulen im 19. Jahrhundert blieb in Europa weit hinter der des 18. Jahrhunderts zurück. Nur in den USA und in den Missionsländern konnten sie eine wirkliche Blüte verzeichnen.

Eine besonders intensive Arbeit entfalteten die Jesuiten im 19. Jahrhundert auf den Gebieten der praktischen Seelsorge, die über die Pfarrarbeit hinausging. In der zweiten Hälfte des Jahrhunderts entstand eine regelrechte Exerzitienbewegung, die bis in die Mitte unseres Jahrhunderts anhielt.

Zahlreiche Jesuiten arbeiteten in den Volksmissionen, durch die systematisch das kirchliche Leben in den Pfarreien erneuert wurde. In der Jugendarbeit setzte man wieder auf die Marianischen Kongregationen, die nach der Aufhebung der Gesellschaft Jesu meist von Weltpriestern geleitet worden waren.

Gleich nach der Wiederherstellung kamen auch Bitten um Jesuiten-Missionare, allerdings meist nicht mehr von den Regierungen, sondern von den Bischöfen. Ihre Arbeit war solide und geschätzt, aber bahnbrechende Taten wie in der Gesellschaft Jesu vor 1773 konnte man nicht mehr vorweisen. Die Jesuiten brillierten in der wissenschaftlichen Arbeit zur Verteidigung und Ausbreitung des Glaubens. Hier hatte sich die Situation inzwischen vollständig gewandelt. Der alte aristotelische Unterbau der Theologie war ausgehöhlt. Das Geistesleben wurde beherrscht von Descartes, Kant und den Deutschen Idealisten. Die moderne philologische und historische Kritik machte auch vor der Heiligen Schrift nicht halt. Das alles brachte es mit sich, daß ein großer Teil der wissenschaftlichen Veröffentlichungen dem Abwehrkampf im Vorfeld des christlichen Glaubens galt.

Ganz im Zeichen des Einsatzes für Papst und Kirche standen die Zeitschriften der Jesuiten, die „Études“ in Paris, die „Civiltà Cattolica“ in Rom, die „Stimmen aus Maria Laach“. Alle drei haben ihren ursprünglich defensiven Charakter gewandelt und sind heute angesehene Kulturzeitschriften.

Das 20. Jahrhundert

Unter den Generalobern Wernz (1906–1914), Ledochowsky (1915–1942), Janssens (1946–1964) erlebte die Gesellschaft Jesu ihr größtes Wachstum. Sie stieg auf 36000 Mann. Dabei wuchs sie vor allem in den USA, in Spanien, in Deutschland und in einer Reihe von Missionsländern.

Theologisch war der Beginn dieses Jahrhunderts geprägt vom sogenannten „Modernismus". Es ging um die Anpassung des Glaubens an die „moderne" Zeit durch ein neues Verständnis von Offenbarung, Glaube und Kirche. Papst Pius X. war sein heftigster Gegner und beschuldigte auch einige Jesuiten modernistischer Lehren. Die Haltung des Generaloberen Franz Xaver Wernz zu den Fragen des Modernismus brachte zwischen die SJ-Führung und den Vatikan eine gewisse Spannung.

Politisch hatte der Orden insgesamt weniger Schwierigkeiten als im 19. Jahrhundert. Dennoch gab es schwerste Verfolgungen: in Spanien von 1931 bis 1938, in Deutschland von 1933 bis 1945, in Ungarn, der Tschechoslowakei, Jugoslawien, dem Baltikum, Polen von 1944 bis heute. Während des Dritten Reiches waren rund 100 Jesuiten allein im Konzentrationslager Dachau. Ein Teil von ihnen ist dort gestorben. Die ganze Gesellschaft Jesu wurde als wehrunwürdig erklärt und aus der Wehrmacht entfernt. Da viele Jesuiten jedoch nicht identifiziert werden konnten, erlitt die Gesellschaft Jesu an der Front erhebliche Verluste.

Geistesgeschichtlich war die Zeit der Restauration, der bewußten Wiederherstellung vergangener Zustände im großen und ganzen vorbei. In verschiedensten Bereichen, Theologie, Philosophie, Liturgie, Verkündigung, Gesellschaftsphilosophie wurden neue Wege gesucht und zum Teil auch gefunden. Dafür stehen eine Reihe von Namen: E. Przywara mit seiner „Analogia Entis", P. Lippert mit Büchern und Radiopredigten, J. Kreitmaier mit liturgischen Kompositionen, Fr. Muckermann und A. Delp, die wegen ihrer Tätigkeit zur Überwindung von Nationalismus und Kommunismus politisch verfolgt wurden.

Das Zweite Vatikanische Konzil sowie die Zeit unmittelbar vorher und danach wurden mitgeprägt von einigen Jesuiten: A. Bea, der als Bibelwissenschaftler auch bei Nichtkatholiken großes Ansehen genoß und prädestiniert schien für sein Lebenswerk, die ökumenische Aufgabe. Die Theologen K. Rahner und H. de Lubac leisteten Beiträge, um die Theologie aus festgefahrenen Fragestellungen zu befreien. Die Volkswirtschaftler G. Grundlach und O. von Nell-Breuning führten die Ansätze der Katholischen Soziallehre fort und gaben ihr eine tiefere Begründung. Der Anstoß, der vom Vatikanum II für die Kirche ausging, ist ohne den Beitrag einiger Jesuiten kaum vorstellbar.

Im Vergleich zu den Gründerjahren und zur barocken Entfaltung der Gesellschaft Jesu ist es jedoch in ihr ruhig geworden. Die Arbeit ist weniger spektakulär. Schwerpunkte liegen auf der wissenschaftlichen Arbeit, den Exerzitien, in den Missionen und bei der Jugend. Neue Berufsfelder taten sich im sozialen Bereich und in den Massenmedien auf. Gerade im Blick auf Europa wird deutlich, daß die SJ heute eine Gruppe von durchschnittlich gut arbeitenden Männern mit einigen wenigen Genies ist. Die Zeit ist vorbei, in der die Jesuiten irgendwelche Monopole auf Ideen und Arbeitsweisen für sich beanspruchen konnten. Das schließt nicht aus, daß vereinzelt in der Welt neue Anstöße und Ideen von Jesuiten ausgehen.

6. Geschichte konkret: Jesuiten berichten

IGNATIUS VON LOYOLA. *Wie sich Ignatius die Gemeinschaft seines Ordens vorstellte, hat er im X. Teil seiner Konstitutionen festgehalten.*

Weil die Gesellschaft, die nicht mit menschlichen Mitteln errichtet worden ist, nicht mit ihnen bewahrt und gemehrt werden kann, sondern nur durch die allmächtige Hand Christi, Gottes und unseres Herrn, so ist es notwendig, auf ihn allein die Hoffnung zu setzen, daß er bewahren und fortführen muß, was er zu seinem Dienst und Lobpreis und zur Hilfe für die Seelen anzufangen sich gewürdigt hat...

Für Bewahrung und Mehrung nicht nur des Leibes, das heißt des Äußeren der Gesellschaft, sondern auch ihres Geistes, und für die Erreichung des von ihr Erstrebten, nämlich den Seelen zu helfen, damit sie ihr letztes und übernatürliches Ziel erreichen, sind die Mittel, die das Werkzeug mit Gott verbinden und es dafür bereiten, sich gut von seiner göttlichen Hand leiten zu lassen, wirksamer als die Mittel, die es gegenüber den Menschen bereiten. Zum Beispiel die Mittel der Güte und Tugend, und besonders die Liebe und reine Absicht des göttlichen Dienstes und Vertrautheit mit Gott unserem Herrn in geistlichen Übungen der Frömmigkeit und, ohne irgendeinen anderen Vorteil zu suchen, der aufrichtige Eifer für die Seelen, zur Ehre dessen, der sie geschaffen und erlöst hat. Und so scheint es, daß man in gleicher Weise dafür sorgen muß, daß sich alle Mitglieder der Gesellschaft den soliden und vollkommenen Tugenden und den geistlichen Dingen hingeben; und diese sind höher einzuschätzen als die Wissenschaft und andere natürliche und menschliche Gaben. Denn jene inneren Mittel sind es, die diesen äußeren Wirksamkeit für das erstrebte Ziel verleihen müssen.

FRANCISCO DE JASSÛ Y XAVIER (FRANZ XAVER), *geboren 1506 auf Schloß Xavier (Navarra, Spanien), gehörte zum Pariser Freundeskreis des Ignatius. Seine Lebensaufgabe, die Mission in Indien und Japan, fand er, weil sein Freund Nikolaus Bobadilla, der ursprünglich für diese Aufgabe bestimmt war, wegen einer Krankheit nicht reisen konnte.*

Seine Reisen führten ihn bis an den japanischen Kaiserhof und auf die Molukken in der Südsee. Er ist Begründer der neuzeitlichen Mission im mittleren und fernen Osten. Das heutige Christentum Asiens ist ohne ihn undenkbar.

Seine größte Sehnsucht, auch nach China zu kommen, konnte sich nicht erfüllen. Er starb auf der Insel Sanzian vor der Küste Chinas.

Brief aus Goa an Ignatius

„Gesellschaft Jesu" muß nach meiner Meinung mit ihrem anderen Namen Gesellschaft der Liebe und der inneren Einheit heißen, nicht aber Gesellschaft der Härte und der knechtischen Furcht.

Brief an die „Väter der Gesellschaft Jesu zu Rom" aus Cochin (Indien)

Es packt mich, wie oft, das Verlangen, in die Universitäten Europas zu stürmen, schreiend mit lauter Stimme, wie einer, der nicht mehr bei Sinnen ist. Vor allem in Paris wollte ich es alle hören lassen, deren Wissen größer ist als der Wunsch, hiervon guten Gebrauch zu machen. Vor versammelter Sorbonne wollte ich es ihnen zurufen: Wie viele Seelen vom Wege des Heiles abkommen durch ihre Schuld, wie viele Seelen verloren gehen durch ihre Gleichgültigkeit! Wenn sie mit dem gleichen Eifer, den sie den Studien zuwenden, auch jene Rechenschaft überdenken würden, die Gott, unser Herr, dereinst von ihnen fordern wird; wenn sie mit der nämlichen Wachsamkeit die ihnen vom Herrn verliehenen Talente prüfen wollten, wie viele von ihnen müßten erschüttert sein! Sie würden die Mittel zu ihrem Heile ergreifen, sie würden geistliche Übungen halten, diese Übungen, ausersehen, sie im Innersten ihrer Seele den heiligen Wille Gottes erkennen zu lassen und ihn zu begreifen in seiner Tiefe. Und sie würden sich diesem göttlichen Willen fortan bereitwilliger als ihren eigenen Neigungen hingeben, und sagen: „Herr, siehe hier bin ich. Was willst du, daß ich tun soll? Sende mich, wohin du willst, und wenn es gut ist, selbst bis nach Indien!"

So unermeßlich ist die Zahl derer, die sich in diesem Lande bekehren, daß mir oftmals die Arme erlahmen vom vielen Taufen oder die Stimme versagt vom unaufhörlichen Wiederholen des Glaubensbekenntnisses und der Gebote. Zur Zeit taufe ich ein ganzes Dorf. An dieser Küste gibt es 30 christliche Dörfer.

Brief auch Cochin (Indien) an Ignatius
Wenn Gott, unser Herr, uns auch durch weite Räume getrennt hält, so vereint uns doch das Bewußtsein einer so tiefen Verbundenheit im gleichen Geiste, in der gleichen Liebe, daß, wenn ich es recht erkenne, die äußere Entfernung weder Entfremdung noch Vergessen für jene bedeuten kann, die sich in Gott lieben. Denn es scheint mir, wir können uns dennoch im Geiste allzeit begegnen und uns mit gleicher Herzlichkeit miteinander unterhalten, wie wir es früher gewohnt waren. Die Erinnerung an früheres Zusammensein, wenn es in Christus gegründet war, ist fast von gleicher Wirkung wie ein wirkliches Zusammenleben.

Solche innere Vergegenwärtigung aller Glieder unserer Gesellschaft, die ich gekannt habe, ist mir zur Gewohnheit geworden. Und wenn die Erinnerung, die mich an Sie denken läßt, schon stark ist, so ist, ich gestehe es, das Gedenken, das Sie mir zuwenden, noch stärker.

Franz Xaver, die Briefe, ausgewählt und übertragen und kommentiert von Elisabeth Gräfin Vitzthum, Hegner, Leipzig 1941.

PETER KANIS (PETRUS CANISIUS), *geboren 1521 in Nijmegen (Niederlande), kam 1543 durch die Begegnung mit Pierre Lefêvre in die Gesellschaft Jesu. Er war Seelsorger und hielt theologische Vorlesungen an Universitäten und Seminaren. Er arbeitete vor allem am Aufbau der deutschen Provinzen der Jesuiten. Er gründete Kollegien und Universitäten in Bayern und Tirol. 1556 wurde er Provinzoberer in Deutschland, was damals auch das Gebiet der Schweiz, Österreichs und Ungarns umfaßte. Der von ihm verfaßte „Kleine Katechismus" war bis ins 20. Jahrhundert Grundlage des katholischen Religionsunterrichts an den Grundschulen. Gestorben ist er 1597 in Fribourg in der Schweiz.*

Aus einem Brief an den Generalassistenten, H. Nadal, 1556.
Außerdem wäre es für den Dienst des Heiligen Stuhles sehr wünschenswert, daß eine enge Briefverbindung zwischen den Bischöfen in diesen Ländern und ihren Vertretern in Rom bestände. Diese müßten sich besonders die Unterstützung des katholisch gebliebenen Klerus angelegen sein lassen. Dann würden die Klagen aufhören, die man hier zu hören bekommt: „Weil man sich in Rom nicht um uns kümmert, kümmern wir uns auch nicht um Rom." Möge Gott es geben, daß man in Zukunft nur mehr solche Geistliche hierher entsendet, die wirklich brauchbar für die so wichtige und schwierige Arbeit sind, und daß sie nicht ein so großes Gefolge von Nichtstuern mitbringen, sondern sich mehr an die apostolische Lebensweise halten. Man erlebt die schlimmsten Ärgernisse beim hohen und niederen Klerus hierzulande, aber es würde einen großen Umschwung bedeuten, wenn wenigstens einige wenige mit einem beispielhaften Leben und durch das Wort ihrer Unterweisung uns mit Ausdauer zu Hilfe kommen wollten. Indessen scheint man in Rom davon nichts zu ahnen, und oft genug trägt man dort keinerlei Sorge, selbst dann, wenn es gar nicht schwer wäre. Entweder hat man dort keine Kenntnis über die hiesige Lage, oder man hält die ganze Situation für verzweifelt.

Denkschrift an die Zweite Generalkongregation 1565 in Rom.
Die Patres mögen darauf bedacht sein, ihre Liebe und ihr sorgendes Wohlwollen für die Deutschen auch durch die Tat zu beweisen. Nicht nur durch schriftstellerische Arbeiten könnte dies geschehen, sondern noch mehr dadurch, daß einige von ihnen nach

Deutschland entsandt würden, die durch rednerische Begabung, Gelehrsamkeit oder andere hervorragende Eigenschaften gerade unter den Deutschen viel zu leisten vermöchten.

Sie sollen die erforderliche Gewandtheit im Umgang mit den Deutschen, besonders mit den führenden Männern besitzen, und sie sollen darauf auch bei ihren Untergebenen, die öfters mit Auswärtigen zu tun haben, genau achten.

Im Gespräch sei man weder sarkastisch noch überheblich. Vielmehr lasse man sich von Liebe und Wohlwollen zu den Deutschen leiten und sei in Gedanken und Worten offen mit ihnen. Man zeige aber keinen Unwillen gegen die Neugläubigen und greife sie weder öffentlich noch in privatem Gespräch namentlich an. Die Deutschen werden durch Höflichkeit und Bescheidenheit, die unsere Patres auszeichnen sollten, für unseren Orden gewonnen. Man sollte sich, soweit als nur möglich, den Deutschen und ihrer Eigenart anzugleichen suchen.

Man erzeige geistlichen und weltlichen Fürsten und den maßgebenden Männern besondere Hochachtung. Durch ihre Unterstützung vermögen wir das allgemeine Wohl zu fördern und Ansehen zu gewinnen. Man hüte sich gewissenhaft davor, kirchlichen Stellen oder Ordensleuten einen Anlaß zu Abneigung oder zum Verdacht zu geben, als ob wir den Sittenrichter spielen und ihre Fehler ausspähen wollten. Daher dürfen die Obern nicht dulden, daß unsere Patres in den Kollegien oder sonstwo irgend etwas über Mißstände im hohen oder niederen Klerus reden und solche Nachrichten verbreiten. Vielmehr soll man sein Ansehen und seine Ehre, soweit als nur möglich zu schützen und verteidigen suchen, damit man in unseren Patres aufrichtige Freunde und nicht eifernde Reformer sehen möge.

Je mehr unsere Patres dem Ideal ihres Berufes entsprechen und mit Gott und mit ihren Obern verbunden sind, desto wohlwollender und freundlicher werden sich ihnen die Fürsten und hohen Herren erzeigen.

Da nun die Fürsten und Stadtmagistrate in Deutschland gar viel vermögen, müssen wir mit Sorgfalt alles vermeiden, was bei diesen hohen Herren Abneigung und Mißstimmung gegen uns erzeugen könnte. Vielmehr muß man geflissentlich all das betreiben, was zur Erhaltung und Förderung des Wohlwollens dieser hochmögenden Herren beiträgt. Dazu gehört, daß wir gute Prediger, bedeutende Theologieprofessoren, tüchtige Schriftsteller, erfahrene Lehrer, eifrige Beichtväter und beim Volk beliebte

Priester in Deutschland einsetzen. Damit gewinnen wir das Vertrauen des einfachen Volkes und zugleich das Wohlwollen und die Zuneigung der maßgebenden Männer.

Petrus Canisius, Briefe, ausgewählt und herausgegeben von Burkhart Schneider SJ, Otto Müller Salzburg 1959.

PIERRE LEFÈVRE (PETER FABER), *geboren 1506 in Villaret (Savoyen), gehörte als einziger Priester zum Pariser Freundeskreis des Ignatius. Er arbeitete im Auftrag Papst Pauls III. seelsorglich in Spanien und Deutschland, gründete dort 1544 die erste Niederlassung der Jesuiten in Köln. Er starb während einer Reise zum Konzil von Trient 1546 in Rom.*

Brief an Ignatius.
Der Bischof von Speyer war schon entschlossen, mich eine Vorlesung halten zu lassen. Der Klerus war für uns sehr aufgeschlossen und ebenso die angesehensten Laienpersönlichkeiten, nicht nur aus der Reichskammer, sondern auch die führenden Leute der Stadt. Es war uns gelungen, ein paar wichtige Aussöhnungen zu vermitteln, und wir hatten eine weit offene Tür zu reicher Ernte gefunden – doch der Kardinal von Mainz hatte dringlichst nach mir verlangt, und ich hatte eine gute Gelegenheit gefunden, mich mit meinen Gefährten von Speyer zu verabschieden: so langte ich hier in Mainz an, von wo aus mich der Kardinal mit einigen seiner Theologen ans Konzil schicken will, obwohl ich ja gezeigt habe, wie unfähig ich zu Aufgaben solchen Gewichts bin. Und er hat mich geheißen, mich zur Reise bereit zu machen. Nach der Rückkehr könne ich dann hier in Mainz mit seiner vollen geistigen und materiellen Unterstützung Vorlesungen halten.

Gleich nach unserer Ankunft haben wir hier einige geistliche Gespräche aufgenommen und Abmachungen bezüglich der Exerzitien getroffen. Zunächst habe ich sie vor vier oder fünf Tagen mit einem angesehenen Kleriker der Hauptkirche angefangen, der viel guten Willen hat und geistlichen Gewinn davon tragen möchte.

Gott weiß, was ich in Speyer ausgestanden, wo ich gegen die Verzweiflung am Wohle Deutschlands anzugehen hatte. Schließlich bin ich zum Schluß doch zu recht zuversichtlichem Frohmut gekommen. Ja ich sehe sogar ganz bestimmt, daß unser

Herr uns dort noch viele Seelen bereit hält, die geneigt wären, sich von uns schulen zu lassen. Allerdings läßt er mich die bereitgestellte Frucht nicht genießen, bis ich wieder vom Konzil zurückgekehrt bin. Unser Herr weiß, warum er mir nie die Gnade gibt, lange an einem Ort bleiben zu können. Warum man mich immer wieder dann abberuft, wenn die Sachen gut zu gehen beginnen und die eigentliche Erntezeit kommt. Bis jetzt hat das immer zum Besten ausgeschlagen, das sehe ich wohl. Und so möchte ich um nichts in der Welt Rom nicht verlassen haben, um nach Parma zu ziehen, Parma, um nach Deutschland zu kommen. Noch werde ich je den Ruf bereuen, der mich von Deutschland nach Spanien holte, noch viel weniger den anderen, der mich von Spanien hierher nach Speyer und von Speyer nach Mainz geführt hat.

Peter Faber, Memoriale, das geistliche Tagebuch, Johannes Verlag, Einsiedeln 1963.

PIERRE TEILHARD DE CHARDIN, *geboren 1881 in Sarcenat (Frankreich), Jesuit seit 1899, arbeitete als Geologe und Paläontologe in Paris, rund 25 Jahre in China und seit 1951 in New York. Er unternahm zahlreiche Expeditionen nach Afrika und Asien. Seine Bemühungen, Theologie und Naturwissenschaft ins Gespräch zu bringen, wurden kirchlicherseits, auch in der Gesellschaft Jesu, sehr skeptisch beurteilt. Erst nach seinem Tod, 1955 in New York, fanden seine Gedanken weltweites Echo.*

Brief an den Generalobern, Johannes B. Janssens. Der Augenblick, in dem ich Afrika verlasse (d. h. nach zwei Monaten Arbeit und Ruhe auf dieser Erde), scheint mir geeignet, Ihnen in wenigen Worten darzulegen, was ich denke und wie weit ich innerlich gekommen bin – ohne zu vergessen, daß Sie „der General" sind, doch zugleich auch (wie vor drei Jahren, bei unserer nur allzu kurzen Unterredung) mit jenem Freimut, der einer der kostbarsten Schätze der Gesellschaft Jesu ist.

Vor allem scheint mir, daß Sie mich wohl nehmen müssen, wie ich nun einmal bin – das heißt mit der mir von Geburt anhaftenden Begabung (oder Schwäche), die bewirkt, daß mein geistiges Leben seit meiner Kindheit unaufhörlich von einem eigenartigen tiefen „Gefühl" für die organische Wirklichkeit der Welt beherrscht ist. Ein Gefühl – ursprünglich ziemlich verschwommen in meinem Geist und meinem Herzen – das mit den Jahren ein präziser und immer anspruchsvollerer Sinn für das in sich selbst konvergierende Universum geworden ist. Auf ihrer höchsten Spitze ist aber diese Konvergenz zugleich auch Der, in dem alles Bestand hat und den die Gesellschaft Jesu mich lieben gelehrt hat.

Im Wissen von dieser Bewegung und dieser Synthese aller Dinge in Christo Jesu habe ich eine außerordentliche und unerschöpfliche Quelle von innerer Klarheit und Kraft gefunden und eine Atmosphäre, außerhalb derer es mir physisch unmöglich geworden ist, zu atmen, anzubeten, zu glauben. Was man seit 30 Jahren in meiner Haltung als Unnachgiebigkeit hätte ansehen können oder als Anmaßung, erklärt sich einfach durch die Unfähigkeit, mein begeistertes Staunen nicht laut zu äußern.

Dies ist die psychologische Grundsituation, aus der sich alles Übrige ergibt und die ich ebensowenig ändern kann wie die Zahl meiner Lebensjahre oder die Farbe meiner Augen.

Nach dieser Feststellung und um Sie über meinen inneren Zustand zu beruhigen, möchte ich darauf hinweisen, daß meine eben beschriebene geistige Haltung (ob dies nun auch auf andere zutrifft oder nicht) zur unmittelbaren Folge hat, mich mit immer größerer Notwendigkeit an drei Überzeugungen festhalten zu lassen, die das innerste Mark des Christentums bilden.

Der Mensch besitzt einzigartigen Wert und steht an der Spitze des Lebens. Der Katholizismus bildet die Achse im konvergierenden Bündel menschlicher Tätigkeit. Der auferstandene Christus wirkt im Zentrum und auf dem Gipfel der Schöpfung und führt sie zu ihrer wesentlichen Vollendung. Diese drei Sätze haben in dem gesamten System meiner geistigen und religiösen Schau so tiefe und so ineinander verschlungene Wurzeln gefaßt (und tun dies noch immer), daß es mir nun ganz unmöglich wäre, sie auszureißen, ohne zugleich alles zu vernichten.

Tatsächlich (eben aufgrund der Struktur meines Gedankensystems) fühle ich mich heute viel enger an die kirchliche Hierarchie und den Christus des Evangeliums gebunden als je zuvor in meinem Leben. Niemals noch besaß Christus für mich mehr Wirklichkeit, mehr Persönlichkeit, mehr Unermeßlichkeit. Wie könnte ich daher glauben, daß der Weg, den ich gewählt habe, schlecht sei?

Ein Einwand, das gebe ich gern zu, bleibt bestehen. Rom könnte berechtigterweise urteilen, daß meine Auffassung des

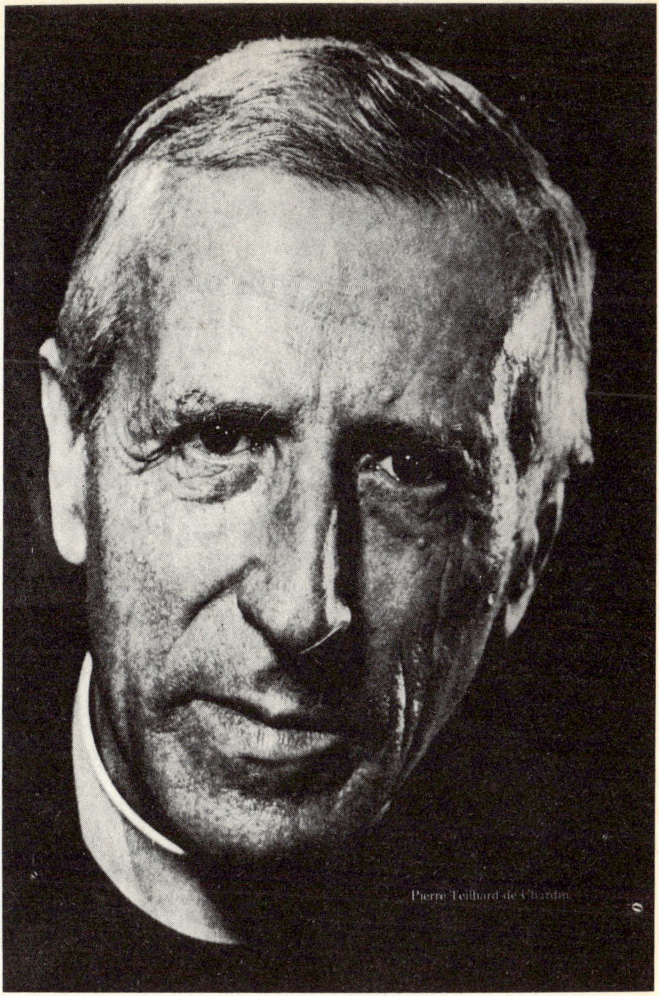

Pierre Teilhard de Chardin, Naturwissenschaftler
Teilhard wurde 1881 in Sarcenat/Frankreich geboren, studierte Paläontologie und war ab 1923 auf wissenschaftlicher Mission in China, wo er beteiligt war an der Entdeckung des „Peking-Menschen". Er starb 1955 in New York.

Christentums in ihrer gegenwärtigen Form voreilig oder unvollkommen und ihre Verbreitung augenblicklich nicht ratsam sei.

Es liegt mir viel daran, Ihnen in bezug auf diese wichtige Frage der äußeren Treue und Nachgiebigkeit (die ja auch den eigentlichen Inhalt dieses Briefes ausmacht) zu versichern, daß ich trotz allfälligen Anscheins fest entschlossen bin, „ein Kind des Gehorsams" zu bleiben.

Diese Zeilen sollen, wie gesagt, nichts anderes sein als ein einfaches, offenes Bekenntnis, auf das ich keine Antwort erwarte. Sehen Sie darin nur die Versicherung, daß Sie unbedingt auf mich zählen können, wenn es gilt, für das Reich Gottes zu arbeiten. Denn dieses allein habe ich vor Augen, diesem allein strebe ich zu auf dem Weg durch die Wissenschaft.

Pierre Leroy SJ, Das Ja zur Erde, Pierre Teilhard de Chardin, Priester und Forscher, Herold Verlag, Wien/München 1960.

ALFRED DELP, *geboren 1907 in Mannheim, Jesuit seit 1926, war als theologischer und soziologischer Redakteur der von Jesuiten herausgegebenen Monatszeitschrift „Stimmen der Zeit" in München tätig. Er gehörte zum „Kreisauer Kreis", einer Gruppe von Intellektuellen und Politikern, die in Opposition zum Nationalsozialismus Gedanken zu einer künftigen Gesellschaftsordnung entwickelten. In Verbindung mit dem Attentat auf Hitler vom 20. Juli 1944 wurden die Mitglieder des Kreises verhaftet. Alfred Delp wurde 1945 in Berlin-Plötzensee hingerichtet.*

Aus dem Gefängnis-Tagebuch

Ich bitte auch die Freunde, nicht zu trauern, sondern für mich zu beten und mir zu helfen, solange ich der Hilfe bedarf. Und sich nachher darauf zu verlassen, daß ich geopfert wurde, nicht erschlagen. Ich hatte nicht daran gedacht, daß dies mein Weg sein könnte.

Ich will mich auch nicht trösten mit einer billigen Herabminderung des Irdischen und des Lebens. Ehrlich und gerade: ich würde gern noch weiterleben und gern und jetzt erst recht weiter schaffen und viele neue Worte und Werte verkünden, die ich erst jetzt entdeckt habe. Es ist anders gekommen. Gott halte mich in der Kraft, ihm und seiner Fügung und Zulassung gewachsen zu sein.

Alfred Delp, Schriftsteller und Glaubenszeuge
Delp wurde 1907 in Mannheim geboren, studierte außer Theologie und Philosophie noch Soziologie. Er arbeitete mit an Plänen für ein demokratisches Deutschland nach dem Zusammenbruch. Hingerichtet vom Nationalsozialismus am 2. Februar 1945.

Es bleibt mir noch, vielen Menschen für ihre Treue und Güte und Liebe zu danken. Dem Orden und den Mitbrüdern, die mir einen schönen und echten geistigen Lebensraum schenkten. Wenn durch einen Menschen ein wenig mehr Liebe und Güte, ein wenig mehr Licht und Wahrheit in der Welt war, hat sein Leben einen Sinn gehabt.

So lebt denn wohl. Mein Verbrechen ist, daß ich an Deutschland glaubte, auch über eine mögliche Not- und Nachtstunde hinaus. Daß ich an jene simple und anmaßende Dreieinigkeit des Stolzes und der Gewalt nicht glaubte und daß ich dies tat als katholischer Christ und als Jesuit: das sind die Werte, für die ich hier stehe, am äußersten Rande, und daß ich auf den warten muß, der mich hinunterstößt: Deutschland über das Heute hinaus als immer neu sich gestaltende Wirklichkeit – Christentum und Kirche als die geheime Sehnsucht und die stärkende und heilende Kraft dieses Landes und Volkes – der Orden als die Heimat geprägter Männer, die man haßt, weil man sie nicht versteht und nicht kennt in ihrer freien Gebundenheit oder weil man sie fürchtet als Vorwurf und Frage in der eigenen anmaßenden pathetischen Unfreiheit.

Auf jeden Fall muß ich mich innerlich gehörig loslassen und mich hergeben. Es ist Zeit der Aussaat, nicht der Ernte. Gott sät, einmal wird er auch wieder ernten. Um das eine will ich mich mühen: wenigstens als fruchtbares und gesundes Saatkorn in die Erde zu fallen. Und in des Herrgotts Hand. Und mich gegen den Schmerz und die Wehmut wehren, die mich manchmal anfallen wollen. Wenn der Herrgott diesen Weg will – und alles Sichtbare deutet darauf hin –, dann muß ich ihn freiwillig und ohne Erbitterung gehen. Es sollen einmal andere besser und glücklicher leben dürfen, weil wir gestorben sind.

Brief an einen Freund

Der Herrgott holt uns von allen Postamenten herunter, wenigstens mir ging und geht es so. Was ich sonst so elegant und selbstsicher unternahm, um herauszukommen, ist zerbrochen. Er hat mich eingefangen und gestellt.

Letzter Brief an die Mitbrüder

Liebe Mitbrüder, nun muß ich doch den anderen Weg nehmen. Das Todesurteil ist beantragt, die Atmosphäre ist so voll Haß und Feindseligkeit, daß heute mit seiner Verkündigung und Vollstreckung zu rechnen ist.

Ich danke der Gesellschaft und den Mitbrüdern für alle Güte und Treue und Hilfe, auch und gerade in diesen schweren Wochen. Ich bitte um Verzeihung für vieles, was falsch und unrecht war, und ich bitte um etwas Hilfe und Sorge für meine alten kranken Eltern.

Der eigentliche Grund der Verurteilung ist der, daß ich Jesuit bin und geblieben bin. Behüt Sie alle der Herrgott. Ich bitte um Ihr Gebet. Und ich werde mir Mühe geben, von drüben aus das nachzuholen, was ich hier schuldig geblieben bin.

Gegen Mittag werde ich noch zelebrieren und dann in Gottes Namen den Weg seiner Fügung und Führung gehen. Ihnen Gottes Segen und Schutz Ihr dankbarer Alfred Delp SJ.

Alfred Delp, Im Angesicht des Todes, Knecht, Frankfurt a.M. 1958.

RUPERT MAYER, *geboren 1876 in Stuttgart, trat als Priester 1900 in die Gesellschaft Jesu ein. Er arbeitete als Exerzitienmeister, Leiter der Münchner Marianischen Männer-Kongregation und Prediger. Sein Protest gegen die Nationalsozialisten brachte ihn mehrmals ins Gefängnis und ins Konzentrationslager Sachsenhausen. Ab Ende 1940 war er im Kloster Ettal interniert. Er starb 1945 in München.*

Aussage vor dem Münchner Sondergericht am 22. Juli 1937.
Ich habe jetzt die schönste Zeit meines Lebens verbracht. Das sollte man nicht für möglich halten. Ich war so glücklich, so restlos glücklich wie noch nie im Leben – der liebe Gott hat es mir zu erkennen gegeben, und ich bin ein Verstandesmensch – in diesen Wochen, daß er mit mir zufrieden ist. Das macht mich so glücklich. Alles andere kann mich nicht beunruhigen. Das Gefängnis ist für mich besser als tausend Vorträge für das katholische Volk, für die Apologie, für das Evangelium, viel besser, als wenn ich wunder was vortragen würde.

Brief an seine Mutter aus dem KZ Sachsenhausen vom 16. Januar 1940.
Deinen Brief vom 22. Dezember habe ich vergangenen Sonntag erhalten. Es war eine Sonntagsfreude!

Gottlob habe ich mich mit meinem Los völlig abgefunden. Ich bin froh, daß ich meine Lebensbedürfnisse immer schon freiwillig auf das Mindestmaß zurückgeschraubt habe. Das kommt mir jetzt unendlich zustatten. Was ich durchaus notwendig brauche, das bekomme ich, mehr will ich nicht. Ein einsamer Mensch war ich trotz des äußeren riesigen Umtriebs mehr oder weniger immer. Auch das kommt mir zustatten. Jetzt habe ich wirklich nichts und niemand mehr als den lieben Gott, und das ist genug, ja übergenug. Wenn das die Menschen doch einsehen wollten! Es gäbe viel mehr Glückliche auf Erden. Ich suche jeden Gedanken an Vergangenheit und Zukunft auszuschlagen und mich ganz auf mein Tagewerk zu konzentrieren. Dann habe ich meine Ruhe. So geht ein Tag nach dem anderen vorbei – unglaublich schnell. So hoffe ich bereit zu sein, wenn der Herr mich ruft.

Rupert Mayer, Dokumente, Selbstzeugnisse und Erinnerungen, gesammelt von Dr. Franziska Bösmiller, Schnell und Steiner, München 1961.

Dritter Teil

Wohin steuert der Orden?

1. Trends und Tendenzen

Im Gespräch mit Mitgliedern der Leitung des Ordens in Rom wird unmißverständlich klar, wer der Chef ist: der Generalobere Pedro Arrupe. Er läßt keine Zweifel darüber, was er will und was er denkt. Aber, bevor er sagt, was er will, fragt er andere, in manchen Angelegenheiten viele Monate lang. Eine große Ordensgemeinschaft ist kein kleines Schiff, das auf jede Bewegung des Steuers sofort reagieren kann. In einer internationalen Gemeinschaft fließen viele Ideen und Vorstellungen zusammen, unterschiedliche Kulturströme, gesellschaftliche Schichten, Phantasie und Angst, Erfahrungen aus freien und unterdrückten Nationen, Europäisches, Afrikanisches, Asiatisches, Amerikanisches. Alle diese Einflüsse ergeben so etwas wie ein Gesamtbild des Ordens heute und seiner Bewegungen. Diese Bewegungen können durch die zentrale Leitung verstärkt oder behindert werden. Neugeschaffen werden können sie nicht. Was an Phantasie, Wissen und Sensibilität für die Fragen der Zeit unter den Mitgliedern des Ordens fehlt, kann kein Generaloberer herbeizwingen. Was da ist an Stärke und Willen, kann er nicht endgültig unterdrücken. Einige Züge der Gesellschaft Jesu lassen sich bei aller Vielfarbigkeit des Gesamtbildes etwas stärker hervorheben.

Die Internationalität

Der Franzose Jean-Yves Calvez, Generalassistent und Beauftragter für die Vorbereitung der 32. Generalkongregation kommt aus seinen Erfahrungen zu dem Ergebnis: „Zum ersten Mal in ihrer vierhundertjährigen Geschichte ist die Gesellschaft Jesu wirklich international; genauer: sie beginnt es zu werden.“ Das mag denjenigen überraschen, der aus seiner allgemeinen Kenntnis heraus wußte, daß es Jesuiten mehr oder weniger überall gibt. Aber es ist nicht von der Hand zu weisen: bis zur jüngsten Zeit war die Gesellschaft Jesu ein europäischer Orden mit vorwiegend in der westlichen Kultur geprägten Mitgliedern, die zum Teil in Ländern der Dritten Welt arbeiten. Dies wird heute langsam anders. In einigen Jahrzehnten wird das Profil des Ordens davon geprägt sein. Ein paar Zahlen zeigen diesen Trend: noch vor zehn Jahren war nur jeder sechste Jesuitenstudent in einem Missionsland; heute ist es jeder dritte. Ein besonderer Fall ist Indien, aus dem 15% aller Studenten des Ordens stammen. In Indonesien sind bereits zwei Drittel der 300 Provinzmitglieder eingeborene Indonesier.

In der Spitze des Ordens bekommen Mitglieder aus der Dritten Welt mehr und mehr Verantwortung. Die Meinungsbildung ist nicht mehr allein europäisch oder westlich. Bei der Vorbereitung der 32. Generalkongregation waren daher eine Reihe international besetzter kleiner Arbeitsgruppen tätig. Jedes ihrer Mitglieder kam aus einem anderen Land und sollte das Denken und Leben der Jesuiten in seinem Heimatland repräsentieren.

Die Internationalität und Beweglichkeit der Gesellschaft Jesu im 16. und 17. Jahrhundert beruhte darauf, daß alle Mitglieder bereit waren „auch nach Indien zu gehen" – wie es Ignatius formulierte. Ungeachtet der leichteren Verkehrsverbindungen aber denken viele Jesuiten heute oft mehr in Kategorien ihrer Provinz und ihres Landes als in denen einer Gemeinschaft, die ihre Stärke gerade in der internationalen Beweglichkeit hat. Die Chancen der Internationalität werden nach Ansicht von Pater Arrupe noch lange nicht genug benützt. Vor allem die Europäer haben hier noch zu lernen.

Auch im wissenschaftlichen Bereich wurden die Möglichkeiten einer internationalen Gruppe bisher zu wenig wahrgenommen. Meist wurde unwidersprochen auch in Asien und Afrika europäische Philosophie doziert, und in der Theologie kümmerte es bislang wenige, daß nur Abendländer zitiert wurden. Heute wachsen die Bemühungen um eine asiatische und afrikanische Theologie. An den Hochschulen in Manila, Tokio, Delhi und Jogjakarta beginnen Professoren darüber nachzudenken, wie christliche Theologie philippinisch, japanisch, indisch oder indonesisch aussehen kann. Schon sind auch die ersten indischen Jesuiten in Afrika tätig, kommen Indonesier nach Korea und Mexikaner nach Afrika.

Die zahlenmäßige und geistige Bedeutung der Jesuiten außerhalb Europas wird sich auf die Mentalität der europäischen und auch der deutschen Jesuiten auswirken müssen, wenn sie geistig mithalten wollen.

Erziehung und Schulen
Herbert de Souza, Inder, Assistent im Sekretariat für Erziehungsfragen am Generalat, gerät immer wieder in die gleiche Situation: kaum besteigt er in einer indischen Stadt ein Taxi und nennt sein Fahrziel „Xavier-College", dann kommt während der Fahrt mit Sicherheit die Frage des Taxifahrers: „Können Sie dafür sorgen, daß mein Sohn oder meine Tochter auf diese Schule kommt?" Der ursprüngliche Eigenname „Xavier-College" vieler Kollegien wurde in Indien zu einem Markenzeichen: Jesuiten-Schule = gute Schule.

Unter den Schulen Indiens gehören die Jesuitenschulen zu den angesehensten. Die 60 Highschools und etwa 3000 Grundschulen, die die SJ in Indien führt, machen zwar nur einen geringen Prozentsatz des indischen Schulwesens aus, haben aber einen nicht unbedeutenden Einfluß auf das Erziehungswesen in Indien.

Was spielt sich heute dort ab? – Man möchte die Schulen in der Qualität halten, aber das Schulgeld senken. Das bedeutet: die Schulen sollen nicht länger Privilegierte unterstützen, auch wenn es gute Gründe gegeben haben mag, die Söhne und Töchter mittlerer und oberer Schichten auszubilden – vor allem mit dem Versuch, ihnen soziales Denken beizubringen.

Ähnliche Akzentverschiebungen im Schulwesen sind auch in anderen Ländern im Gange. Deutlich kann das an einem Beispiel aus Lateinamerika gezeigt werden: 1973 wurde das traditionsreiche „Instituto Patria", die beste und renommierteste höhere Schule von Mexico-City geschlossen. Vor allem die jüngeren mexikanischen Jesuiten glaubten, es nicht mehr verantworten zu können, ausschließlich für die Söhne reicher Leute tätig zu sein – auch wenn man sich bemühte, soziale Einstellungen zu wecken. Sie sahen sich hierin von der obersten Ordensleitung unterstützt. Auf die Schließung der Schule folgten massive Proteste der Eltern und der Öffentlichkeit, Schwierigkeiten für die Finanzen der mexikanischen Provinz. Dennoch arbeiten heute mexikanische Jesuiten im Unterrichtswesen. Aber in verschiedenen Zentren, auch in Slums.

Schulen, Hochschulen, Jugendarbeit, Erziehung überhaupt,

war ein Schwerpunkt des Apostolats von Jesuiten seit ihrer Gründung. Schon für Ignatius war es selbstverständlich, daß eine gründliche Reform der Kirche bei der Jugend einsetzen müsse. Dazu kam seine Überzeugung, daß die Gewinnung von einflußreichen Leuten – damals waren dies meist Fürsten – der Ausbreitung des Evangeliums am nützlichsten war.

So gründeten die Jesuiten in vielen Ländern Schulen und trachteten danach, dort den Adel und einflußreiche Bürgerkreise zu erziehen. In den Vereinigten Staaten, in den Niederlanden, in einigen Ländern Lateinamerikas hieß Jesuit-werden gleichzeitig Lehrer oder Professor werden.

Heute zeigen sich die Grenzen dieser Auffassung. So wurden z. B. in Kanada praktisch alle höheren Schulen und Universitätsinstitute geschlossen, um für andere Aufgaben verfügbar zu sein. In anderen Ländern wurden Erziehungseinrichtungen der Jesuiten einem anderen Träger übergeben. Die University in New York z. B. hat den Besitzer gewechselt. Das Kolleg St. Blasien im Schwarzwald wurde einem Trägerverein übergeben, die Jesuiten sind als dessen Angestellte für die Schule verantwortlich.

Spanien hat schon frühzeitig dadurch eine wichtige Entwicklung eingeleitet, daß es Berufsschulen und Unterrichtsstätten für Arbeiter gründete. Solche Einrichtungen, so erläutert Herbert de Souza, der den internationalen Überblick hat, werden auch in anderen Ländern notwendig. Bei den Überlegungen über den materiellen Lebensstil der Ordensmitglieder fand man, daß die enge Verquickung von Arbeitsplatz und Lebensraum dazu führt, daß man die Jesuiten für sehr reich hielt. Man glaubte einfach nicht, daß Männer persönlich arm und genügsam leben, wenn sie reich ausgestattete Schulen und Universitäten führten. Man wird immer wieder genötigt, das Gelübde der apostolischen Armut mit vielen Worten und reichlichen Finessen zu erklären. So besteht heute im Orden weiterhin die Tendenz, den technisch gut ausgerüsteten Arbeitsplatz vom bescheidenen Lebensraum sauber abzugrenzen. Die Gesellschaft Jesu darf nicht als eine Gruppe von bürgerlich Besitzenden erscheinen, worunter bis heute ihre Glaubwürdigkeit leidet.

Wissenschaftliche Arbeit in Theologie und Philosophie

Am 7. Mai 1965 vollzog sich in der Sixtinischen Kapelle in Rom unter den Fresken des Michelangelo ein seltenes Ereignis: Der Papst gab dem Jesuitenorden einen ausdrücklichen Befehl. Was in der jahrhundertelangen Geschichte kaum wirklich wurde, daß nämlich der „römische Papst", wie es Ignatius formuliert, seiner „Compania" einen Auftrag gab, war geschehen. Paul VI. sagte: „Wir übertragen der Gesellschaft Jesu, der es an erster Stelle obliegt, die Kirche und die heilige Religion in schwierigen Zeiten zu verteidigen, die Aufgabe, dem Atheismus tapfer und mit allen Kräften entgegenzutreten ... Deshalb sollen sie Untersuchungen anstellen, Informationen aller Art sammeln, drucken, diskutieren, Fachleute ausbilden, beten und sich auszeichnen durch Gerechtigkeit und Heiligkeit." Das einzig Schwierige an diesem Auftrag schien von Anfang an die Frage: wo fängt Atheismus an, und wo endet er? Welche der selbstverständlichen Jesuitenarbeiten sind nicht auch Arbeiten gegen den Atheismus? Was heißt dieser Auftrag konkret?

Soziales Apostolat

Im Jahr 1968 wirbelte die „Carta di Rio", ein Dokument der versammelten Provinziäle Lateinamerikas, einigen Staub auf. Schon heute kann man sagen, daß es Geschichte gemacht hat.

Worum handelt es sich, und wie kam es zustande?

Bereits 1946, 1949 und wiederum 1954 wies der damalige Generalobere Johannes B. Janssens die ganze Gesellschaft Jesu und insbesondere die Jesuiten Lateinamerikas auf die Bedeutung des sozialen Apostolates hin. Es ging ihm um bessere Lebensbedingungen für die Arbeiter, Bauern und Armen – auch als Abwehr gegen den Kommunismus.

Sein Nachfolger, Pedro Arrupe, 25 Jahre lang Missionar in Japan und Kenner eines damaligen Entwicklungslandes, brauchte nur auf den Bemühungen seines Vorgängers aufzubauen. Er schrieb 1966 einen Brief zur Sache an die Provinziäle Lateinamerikas. Es folgte unabhängig davon 1967 die päpstliche Enzyklika „Populorum Progressio". So war der Boden reif für die Erklärung von Rio, die dem Apostolat der Jesuiten im Halbkontinent eine neue Orientierung gab. Inzwischen war auch die Theologie der Revolution und Befreiung geschrieben worden. Der Akzent verlagerte sich von der wirtschaftlichen Entwicklung auf soziale, kulturelle und politische Befreiung.

Nach der „Carta di Rio" geht es nicht mehr darum, daß neben vielen anderen Arbeiten einige Jesuiten sich spezialisieren auf Theorie und Praxis sozialer Fragen, z. B. die Situation der Bauern auf dem Lande oder der Slumbewohner. Es geht um den sozialen

Akzent *aller* Arbeiten: daß an Schulen Freiplätze geschaffen werden für Kinder aus armen Familien; daß grundsätzlich möglichst Schulen ohne Schulgeld zur Verfügung stehen; daß Abendkurse für Erwachsene aus mittellosen Schichten angeboten werden; daß Jesuiten in armen Gegenden wohnen und Pfarreien übernehmen; kurz: daß Jesuiten nicht weiterhin Seelsorger für die Reichen sind. Dies war keineswegs selbstverständlich, und ist es auch heute noch nicht überall.

Dieser Vorgang in Lateinamerika ist beispielhaft. Oft brauchen solche Neuorientierungen lange Zeit zum Reifen, bis der Durchbruch kommt. Dies zeigt die lange Entwicklung von 1946 bis 1968. Wer dachte schon nach dem Krieg an die Lösung sozialer Fragen in Lateinamerika? So waren die 172 Jesuiten, die auf den ersten Brief von Pater Janssens hin Sozialwissenschaften studierten, zwar angesichts der Problematik eine winzige Zahl. Doch immerhin ein Anfang. Heute ist die Zahl derer, die hauptamtlich im sozialen Sektor in Lateinamerika tätig sind, etwa gleich groß. Aber die gesamte Mentalität hat sich gewandelt. Darüber hinaus sind die 16 Zentren für soziale Forschung und Praxis im Südkontinent Kristallisationspunkte. Von ihnen aus werden Bischöfe, Gemeindeleiter, Gewerkschaftler und viele andere inspiriert. Ähnliche Sozialzentren führt die Gesellschaft Jesu in mehreren Ländern. Insgesamt sind es 26. Am bekanntesten wurde wohl die „Action Populaire“ in Paris, die für die soziale Entwicklung ehemaliger Kolonien seit fünfzig Jahren arbeitet. Die italienischen „Centri Studi Sociali“ sind viel mit den Gewerkschaften im Gespräch. Das Heinrich-Pesch-Haus in Mannheim war vor allem in der Arbeiterbildung im Rhein-Neckar-Raum tätig. Seine Nachfolgeinstitution, das Gesellschaftspolitische Institut in München, beschäftigt sich vorwiegend mit internationalen Frage.

Im Jahrbuch der Jesuiten 1974/75 heißt es: „In verschiedenen Ländern Afrikas, Asiens und des Vorderen Orients ist das Aufblühen des Genossenschaftswesens der umfangreichen Initiative und der Tatkraft von Brüdern und Priestern der Gesellschaft Jesu zu verdanken. Die von den Jesuiten der Elfenbeinküste entwikkelten landwirtschaftlichen Ausbildungsprogramme sind von zahlreichen anderen afrikanischen und außerafrikanischen Ländern übernommen worden und erlangten internationale Anerkennung. Pläne für Volkssiedlungen für die unterste Bevölkerungsschicht, wie sie von den Jesuiten in Lateinamerika verwandt wurden, werden auch anderswo übernommen. Andererseits waren Jesuiten damit beschäftigt, durch Studium, Forschung und Publikationen, Bildung und Aktionsprogramme die gesellschaftlichen Strukturen zu verbessern und zu ändern. Einige dieser Jesuiten wirkten an den Lehrkanzeln für Sozial- oder für Rechtswissenschaften der Universitäten und höheren Forschungsinstitute."

Wenn sich diese Arbeit in den nächsten Jahren auch zahlenmäßig nicht ausdehnen wird, so wird sie doch ihre Intensität vergrößern. Dies jedenfalls ist der Wunsch vieler Delegierter auf der 32. Generalkongregation im Winter 1974/75 gewesen. Die Delegierten aus Ländern der Dritten Welt waren hier führend. Europa hat sicher einen Nachholbedarf – auch bei den Jesuiten.

Arbeitsschwerpunkt Kommunikationsmedien

Viele Menschen erreicht man heute nur durch Radio, Fernsehen und Zeitung. Neue Techniken erfordern und ermöglichen neue Formen der Verkündigung. Von verschiedenen Ausgangspositionen herkommend, arbeiten heute etwa 450 Jesuiten in aller Welt bei den sogenannten Kommunikationsmedien. Erst in den letzten zehn Jahren hat diese Arbeit sich so stark entfaltet und ihr Außenseiterdasein im Orden verloren.

Ausgangspunkt dieser Arbeit war die kritische Beschäftigung mit dem technischen Medium; die Sicht war vor allem moralisch, da der Film noch suspekt war. Dann gingen einige Ordensmitglieder dazu über, die Medien positiv zu betrachten und konstruktiv mitzuarbeiten. Inzwischen ist die Palette dieses Apostolats recht breit. Sie reicht von der Mitarbeit bei Radio Vatikan bis zur Produktion von Fernsehspielen auf den Philippinen, von Radioschulen in Kolumbien und Bolivien bis zu Fernseh- und Rundfunkberichten freier Autoren in Deutschland. Jesuiten sollen aber nicht nur irgendwie produzieren und die Menschen anleiten, mit den Medien umzugehen, sondern auch Wege finden, das Evangelium durch Reportage, Spiel, Nachricht lebendig werden zu lassen. Man braucht dafür Spezialisten: nicht nur Produzenten, sondern auch Kommunikationsforscher und Medienpädagogen. Die Möglichkeit der Zusammenarbeit im Orden ist – nicht nur für Länder der Dritten Welt – eine Chance. Die fachübergreifende Kooperation zwischen Medienleuten, Pädagogen und Theologen und anderen wird sich in den kommenden Jahren verstärken müssen. Die politische Situation eines Landes spielt für diese Arbeit eine entscheidende Rolle: es ist einfacher zu arbeiten bei einer öffentlich rechtlichen Anstalt in der Bundesrepublik als bei einem Staatsrundfunk in Spanien, einfacher bei einer kirchlichen Sendegesellschaft in den USA oder auf den Philippinen als für privaten, nicht kommerziellen Filmverleih.

Wenn die Gesellschaft Jesu dazu beiträgt, Menschen zu lehren, mit den Medien sachgerecht umzugehen und dadurch zum Gespräch miteinander anzuregen – auch über religiöse Fragen –, haben sie ein Stück ihrer Berufung verwirklicht.

Dienst an der Einheit der Kirche

Die Gemeinschaft der Jesuiten spiegelt alle Spannungen und Richtungen innerhalb der katholischen Kirche wider. Den Orden als Ganzes kann man kaum den Progressiven oder Konservativen zurechnen. Der Versuch, die Spannung im Orden auszuhalten und Konflikte auszutragen, ist auch ein Dienst an der Einheit der Kirche.

Jesuiten aus Ostblockländern sind stärker daran orientiert, den Glauben traditionell zu interpretieren. Der Atheismusauftrag des Papstes hat z.B. für Amerikaner und Deutsche in einer liberalen, religiös desinteressierten Gesellschaft einen anderen Stellenwert als für Jesuiten in der Tschechoslowakei. Ordensmitglieder aus Lateinamerika und Indien sind für soziale Fragen sensibler als solche aus industrialisierten Ländern.

Die Frage, wie der Orden seinen Dienst in der Kirche verstehen soll, hat in spanischen oder nordamerikanischen Provinzen erhebliche Spannungen hervorgerufen. Die theologischen Auseinandersetzungen über biblische Fragen, die Autorität des Papstes, Stellung und Aufgabe des Ordens gehen quer durch die Reihen jüngerer und älterer Jesuiten. Politische Auseinandersetzungen um Geburtenkontrolle, Ehescheidungsgesetze, Schwangerschaftsabbruch haben unter Jesuiten Diskussionen angestachelt. Keineswegs ist modern, wer jung ist, konservativ, wer auf Jahrzehnte kirchlicher Arbeit zurückblicken kann. Spannungen, die die Einheit gefährden, sind nicht angenehm, aber manchmal ein Zeichen der Lebendigkeit einer Gemeinschaft, solange man nur über das Ziel, dem auch Spannungen, Auseinandersetzungen und Diskussionen dienen können, einig ist. Die Ordensgemeinschaft sieht im Durchhalten dieser Spannung eine wichtige Aufgabe an der Einheit der Kirche.

Hier kann auch das Gelübde des Papstgehorsams erwähnt

Augustin Bea, Exeget und Kardinal für die Einheit der Christen
Bea, geboren 1881, stammt aus Riedböhringen/Baden, bekannt zunächst als Bibelwissenschaftler für das Alte Testament, dann als Kardinal und Leiter des Sekretariats für die Einheit der Christen, ernannt durch Papst Johannes XXIII.

werden: Die Mitglieder der Gesellschaft Jesu legen neben den drei klassischen Ordensgelübden der Armut, der Ehelosigkeit und des Gehorsams ein viertes Gelübde ab, daß sie für Aufträge und Sendungen des Papstes verfügbar sind. Der Ordensgründer wollte mit seiner Gruppe alle Aufgaben übernehmen, die der Papst ihr anvertraut. Vielleicht war es im 16. Jahrhundert einfacher, sich darauf zu verpflichten als heute, wo es manchem Priester schwerfällt, sich voll mit der Kirche zu identifizieren. Die Autorität des Papstes hat in den letzten zehn Jahren gelitten. Daraus ergeben sich auch für die Mitglieder des Ordens einige Schwierigkeiten der Identifikation. Auseinandersetzungen wurden im Orden geführt und hatten eine größere Differenzierung der Auffassungen zur Folge. Meint Gehorsam gegenüber den Sendungen des Papstes eine fraglose Übernahme jeder Äußerung des Papstes? Meint er die Bereitschaft, seine Äußerungen als qualifiziert, aber kritisierbar gelten zu lassen, solange es sich nicht um eindeutig dogmatische Sätze handelt? Auf jeden Fall verlangt dieses Gelübde grundsätzlichen Willen der Solidarität mit dem Papst, bei allen Schwierigkeiten in Einzelheiten.

Dienst an der Einheit der Kirche wird in der Gesellschaft auch als betont ökumenisches Engagement verstanden. Jesuiten, die sich mit Fragen der Ökumene beschäftigen, treffen sich regelmäßig im deutschen Sprachraum und auf Weltebene. Typisch für solch ökumenische Initiativen ist die Arbeit der action 365, kleinen Gruppen aus Katholiken und Protestanten, die ursprünglich von P. Leppich gegründet wurden. Ähnliche Ansätze stammen von P. Lombardi in Italien. Jesuiten sind auch maßgeblich beteiligt an der katholischen charismatischen Bewegung in den USA, die über die Konfessionsgrenzen hinausgehen möchte.

Trends im deutschen Sprachraum

Die Theologie wurde bis in die jüngste Zeit hinein stark vom deutschen Sprachraum her bereichert. Speziell das Zweite Vatikanische Konzil hat davon profitiert – nicht zuletzt auch von Jesuiten. Um so erfreulicher ist es für einen Beobachter, wenn er immer häufiger Anstöße von außereuropäischen Ländern erhält. Dies gilt auch für den Jesuitenorden: vielleicht kommen heute schon mehr spirituelle, gemeinschaftsbildende Impulse aus Ländern der Dritten Welt. Dies gehört zu den Trends im deutschen Sprachraum.

Man kann erfahren, daß man zu einer großen Gemeinschaft

gehört. Der Erfahrungsaustausch mit Jesuiten aus fernen Ländern wird intensiver und wichtiger. Es stellt sich dabei heraus, daß die nationalen Unterschiede im Vergleich zum Bewußtsein, dem gleichen Orden anzugehören, unbedeutend sind. Zu solchem Erfahrungsaustausch sind junge und alte Jesuiten heute eher bereit. Für die Jüngeren ist es befreiend, unter den Älteren Männer mit Phantasie und Engagement anzutreffen, die gemeinsam mit den Jungen versuchen, ständig neu zu lernen. Der Orden kann Modell sein für den Dialog zwischen Kulturen und für internationale Zusammenarbeit.

Im deutschen Sprachraum selbst nimmt der Erfahrungsaustausch und die Zusammenarbeit unter den einzelnen Provinzen zu. Vor nicht allzu langer Zeit war hier wenig los. So gibt es heute interprovinzielle Arbeitskreise für Sozialfragen, Jugendarbeit, Studentenseelsorge, Massenmedien, Ökumene. Sie stehen den Provinziälen mit ihrer Erfahrung zur Verfügung. Die konkrete Zusammenarbeit mit Jesuiten anderer europäischer Länder des gleichen Fachgebietes ist noch sehr gering. Erfahrungen, die in englisch- oder spanischsprachigen Ländern gemacht werden, haben hier noch wenig Einfluß.

In den vergangenen Jahren wuchs die Zahl der Jesuiten, die an einem größeren Werk arbeiteten, also einer Schule, einem wissenschaftlichen Institut, einem Jugend- oder Erwachsenenzentrum. Neue Ideen hatten es daher manchmal schwer, sich durchzusetzen. Wie die Entwicklung weitergeht, hängt sicher auch von der Frage der Kirchensteuer ab, denn die größeren Werke sind häufig von ihr abhängig.

Heutiger Lebensstil

Vor einigen Jahren berichtete das Nachrichtenmagazin „DER SPIEGEL“ über eine Gruppe von sechs Jesuitenstudenten, die in einem Münchner Vorort versuchten, als christliche Kommune zu leben. Die sechs hatten sich – mit Erlaubnis der Ordensoberen – von dem 120 Mann großen Kolleg in Pullach abgesetzt, um inmitten einer säkularen Umwelt als Christen zeugnishaft zu leben. Sie meinten, dies im Kolleg weniger tun zu können.

Inzwischen ist das Leben in solchen Kleingruppen unter den Ordensstudenten an vielen Orten selbstverständlich. Damals war es fast ein Skandal. So bilden die Studenten und Professoren nicht mehr ein Mammutkolleg, sondern sind untergegliedert in kleine Gemeinschaften. Die Ideologie der Kommune ist einem nüchternen Denken über die Vor- und Nachteile des Gruppenlebens gewichen. In der überschaubaren Gruppe sind die zwischenmenschlichen Kontakte besser und intensiver. Die Anonymität des großen Kollegs ist überwunden. In der kleinen Gruppe sind natürlich viele alltägliche Dienste von den Mitgliedern selbst auszuführen, für die im Kolleg Angestellte vorhanden waren: Einkauf, Küche, Saubermachen, Reparatur. Es besteht die deutliche Tendenz, sich vom Leben der anderen Menschen durch den Ordenseintritt nicht zu entfernen, den banalen Pflichten des Alltags nicht durch eine Ideologie des Ordenslebens zu entfliehen. Diese Tendenz breitet sich auch in anderen Jesuitenhäusern aus.

Auch in anderen Fragen des alltäglichen Lebens hat sich einiges geändert. Daß die Soutane oder der priesterliche Kragen weitgehend aus der Mode kommen, hat nur in den Anfangszeiten heftige Diskussionen ausgelöst. Heute sind Jesuiten oft nicht als Geistliche erkennbar. So ist die Fragestellung jetzt eher umgekehrt: Ist es sinnvoll, überhaupt nicht als Ordensmann oder Priester kenntlich zu sein? Die Gewohnheiten gehen hier von Land zu Land erheblich auseinander. Doch dürften sich die Gebräuche in der ständig kleiner werdenden Welt annähern.

Vor zwanzig Jahren noch gab es bei Jesuiten eine Tagesordnung, die über Länder und Meere hinweg in allen Häusern fast gleich war. Diese gemeinsame Tagesordnung wurde stillschweigend zu Grabe getragen. Heute treffen sich diejenigen, die gerade im Haus sind, zum gemeinsamen Essen, gemeinsamer Erholung und gemeinsamem Gebet. Die Tendenz geht dahin, Zeiten zu finden, die dem Arbeitsrhythmus angepaßt sind und dem Gemeinschaftsleben dienen. Das ist von Haus zu Haus und von Land zu Land verschieden. In einem Haus ist es die Mittagszeit, in einem anderen abends, beim dritten die mitternächtliche Stunde, wenn alle von ihren Spätverpflichtungen heimkehren.

Ähnlich muß heute jedes Haus, jede Gemeinschaft für sich finden, zu welchen Zeiten gemeinsames Gebet, gemeinsames Glaubensgespräch möglich ist. Früher war das von Rom reguliert. Heute bleibt es der Phantasie und Initiative überlassen. Daß die Gemeinschaft als solche auch ihren Glauben zum Ausdruck bringen soll, wird allgemein festgehalten. Da gibt es welche, die pflegen das Bibelgespräch einige Male in der Woche, andere meditieren den Evangelientext des kommenden Sonntags. Wieder andere versuchen während der gemeinsamen Ferien sich auch im religiösen Bereich tiefer als sonst auszutauschen oder gar gemeinsam die jährlichen Exerzitien zu machen. Das Gewöhnliche und weitgehend Übliche ist der gemeinsame Gang in die Hauskapelle nach dem Mittagessen. Doch daneben entwickeln sich vielfältige Formen religiösen Gemeinschaftslebens, die kommen und wieder vergehen. Die Tendenz dürfte wohl dahin gehen, daß wieder mehr Stabilität in diesen Formen gefunden wird.

Als die Bundesrepublik von Studentenunruhen geschüttelt wurde, ging dies auch am Orden nicht spurlos vorbei: der Ruf nach Mitverantwortung war natürlich bei jüngeren Ordensmitgliedern besonders vernehmlich. Daher wurden jährliche Symposien für die Studenten eingeführt, auf denen diese ihre Probleme diskutieren und gegebenenfalls Postulate an die Provinzleitung einreichen können. Die Symposien sind ein Ausdruck echter Mitverantwortung aller im Orden. Außerdem wurden die Symposien für alle Provinzmitglieder geschaffen. Dort werden anstehende Fragen, die alle betreffen, diskutiert. Alle Provinzmitglieder können dort Einfluß auf die Geschicke der Provinz nehmen und eine Form von Mitbestimmung praktizieren. Dies ist unter den Augen und mit dem Segen der Ordensautorität eingeführt worden. Vielleicht vollzieht sich hier nur ein Rückgriff auf den Geist und die Methoden der Gründergeneration, die informelles brüderliches Beisammensein pflegte und dadurch den Orden schuf. Ein Bruch mit der jüngsten Vergangenheit des Ordens sind solche neuen Gewohnheiten sicher. Sie werden noch um sich greifen. Man sucht heute nach rechtlichen Formen für die gewachsenen Gewohnheiten, damit das gewandelte Selbstbewußtsein in der Routine der täglichen Arbeit nicht wieder verlorengeht.

2. Jesuitenausbildung heute

Das Ordensleben ist eine Lebensform aus dem Glauben, die den ganzen Menschen verlangt. Mit dem Eintritt in den Orden ändert sich daher auch der Charakter der Beziehungen zu Familie und Freunden. Der Orden soll die neue und endgültige Lebensgemeinschaft sein. Während der ganzen Ausbildungszeit von rund elf Jahren kann der einzelne sich und den Orden prüfen. Erst nach rund fünfzehn Jahren binden sich der Orden und der einzelne endgültig aneinander. 30–50 Prozent aller Kandidaten scheiden während der Ausbildungszeit wieder aus.

Um als Novize in den Orden aufgenommen zu werden, müssen folgende Eigenschaften des Kandidaten einigermaßen feststehen: geistige Aufgeschlossenheit, dem Alter entsprechende Reife, gesundes Urteilsvermögen, Entscheidungs- und Bindungsfähigkeit, entspanntes Verhältnis zu Familie und Autorität, gesunde Selbsteinschätzung und Selbstannahme, Gemeinschafts- und Liebesfähigkeit.

Als religiöse Grundlage sind unentbehrlich der Beginn eines persönlich übernommenen Glaubenslebens, erste Formen persönlichen Gebetes, anfängliches Verständnis für Nachfolge Christi und Leben in der Kirche. Das Noviziat ist der verbindliche Anfang des Ordenslebens und gleichzeitige Prüfung, ob der begonnene Weg für den einzelnen richtig ist. Das Noviziat ist eine Teststrecke, auf der Erfahrungen zur Klärung der Berufung gesammelt und reflektiert werden.

Einzelfaktoren im Noviziatsleben und in der weiteren geistlichen Ausbildung sind: Meditation, in der der einzelne seine persönliche Gebetsweise findet; tägliche Eucharistiefeier und regelmäßige sakramentale Buße; theoretische Auseinandersetzung mit Grundfragen des Glaubens, mit Ordensgeschichte und -satzung, mit Liturgie, Bibel, Verkündigung und Seelsorge, mit apostolischen Aufgaben und Arbeitsmethoden; Erlernung praktischer Fertigkeiten wie Gesprächsführung, freie Rede, wissenschaftliches Arbeiten, Stenografie und Schreibmaschine und vor allem alte und neue Sprachen.

Der Novize ist bei all dem nicht auf sich allein gestellt, sondern hat die regelmäßige Aussprache und Reflexion mit dem Novizenmeister und die Gemeinschaft der anderen Novizen, die Hilfe und Konfrontation bieten. Große Bedeutung haben im Noviziat die „Experimente", unter denen die vierwöchigen Großen Exerzitien hervorragen. Die übrigen sind Arbeitseinsätze in Krankenhaus, Fabrik, Jugendheim oder Pfarrei, wo das neue Leben als Jesuit in besonderer Weise getestet wird. Selbstverständlich wird die Hausarbeit von den Novizen selbst geleistet. Dieser mitunter mühselige Dienst fordert ohne viele Worte einige Arbeit an sich selbst.

Das Noviziat ist geprägt von Zeiten der Stille, die dem Gebet, der Meditation, der Reflexion und dem Studium dienen. Zweimal täglich halten die Novizen und die fertig ausgebildeten Jesuiten ein paar Minuten inne, um ihre Tagesarbeit und ihr Leben an ihren Zielen zu messen und neu auszurichten.

Der Novize gehört in seiner Lebensweise schon ganz zum Orden. Er ist daher in allen Dingen, die er zum Leben braucht, vom Orden abhängig. Er lebt von der Gemeinschaft und für die Gemeinschaft. Er hat keinen Privatbesitz, macht keine Privatreisen und verbringt seine Ferien mit den anderen Novizen.

Die zweijährige Noviziatszeit schließt mit den einfachen Gelübden der apostolischen Armut, der Ehelosigkeit um des Reiches Gottes willen und des Ordensgehorsams. Der Novize verspricht gleichzeitig, daß er nach Ablauf der Studienzeit, die noch der Prüfung dient, Vollmitglied des Ordens werden will, wenn dieser ihn zuläßt. Diese Gelübde sind für das ganze Leben bindend. Sie können jedoch vom Orden her gelöst werden, wenn sich im Laufe der Ausbildung herausstellt, daß der begonnene Weg falsch ist. Dann ist der Ehemalige wieder ganz frei. Der Orden versucht, ihm nach Kräften zu einem neuen Start zu helfen.

Die gesamte Zeit der Studien und Berufsausbildung nach dem Noviziat ist Prüfungszeit und Gelegenheit vertiefter religiöser Erfahrung und Reflexion. Der Ordensstudent, „Scholastiker" genannt, soll sein Leben aus dem Glauben regelmäßig reflektieren, mit einem Priester seines Vertrauens besprechen, sich von der Gemeinschaft kontrollieren und helfen lassen. Die Eucharistie bleibt die Mitte der Tagesarbeit. Die jährlichen achttägigen Exerzitien dienen der Neuorientierung und Wiederausrichtung.

Die Ausbildungszeit soll die Fähigkeit des einzelnen zur Gemeinschaft, zur geistigen Auseinandersetzung mit Fragen des Glaubens und Lebens, zum Dienst an Menschen und in der Kirche erproben. Die Studien stellen wenn möglich hohe, wenn auch nicht übertriebene Anforderungen auf menschlichem, wissenschaftlichem und geistigem Gebiet. Persönliche Glaubenserfahrung und objektive Glaubensreflexion müssen zu einer Einheit kommen.

Für diejenigen, die studieren und Priester werden, stellt die Priesterweihe einen wichtigen Einschnitt dar. Die ersten Erfahrungen als junger Priester können in der noch folgenden Studienzeit tiefer aufgearbeitet werden.

Nach dem Ende der Ausbildung sind die Monate des Terziats Zeit der Überprüfung aller in mehr als einem Jahrzehnt Ordenslebens gemachten Erfahrungen. Eine kleine Gruppe von Jesuiten trifft sich dazu unter Leitung eines erfahrenen Priesters. Sie denken allein und in Gemeinschaft ihre Erlebnisse durch. Den Höhepunkt bilden die Großen Exerzitien, die dann zum zweiten

Mal gemacht werden. Das Terziat dient der Vorbereitung auf die sogenannten „Letzten Gelübde" der Armut, der Ehelosigkeit und des Gehorsams, in denen auch der Orden sich endgültig an den einzelnen bindet. Für Alfred Delp war es das schönste Erlebnis, daß er im Gefängnis diese Annahme durch den Orden erhielt und mit gefesselten Händen seine Hingabe unterschrieb. Erst mit den „Letzten Gelübden" ist der Jesuit vollberechtigtes Mitglied des Ordens.

3. Berufsausbildung der Priester

Die Ausbildung der Jesuiten ist in den Grundelementen überall in der Welt gleich. Der Inhalt der Ausbildung, vor allem was die Studien betrifft, ist in den letzten Jahren stark den regionalen Anforderungen angepaßt worden.

Die Studienordnung im deutschsprachigen Raum sieht zwei Jahre Grundstudium der Philosophie vor, gewöhnlich an der Hochschule für Philosophie in München. Dann trennen sich die Wege der Studenten: die meisten machen ein bis zwei Jahre Praktikum in Kollegien, Jugendzentren, Pfarreien oder einer anderen Institution des Ordens. Wichtig ist für diesen Abschnitt, daß die jungen Jesuiten praktische Zusammenarbeit einüben. Die Studenten treffen sich dann zum Grundstudium der Theologie wieder, im deutschsprachigen Raum gewöhnlich in Frankfurt, St. Georgen, oder an der Universität Innsbruck. Diejenigen, die später in anderen Ländern arbeiten werden, studieren, nachdem sie die Sprache erlernt haben, normalerweise schon an Universitäten dieser Länder.

Dem theologischen Grundstudium schließt sich je nach späterer Tätigkeit ein Aufbaustudium mit den Schwerpunkten Philosophie oder Theologie an. Die Interessen der Studenten und der Provinzleitung werden im Lauf der Ausbildung öfter gegeneinander abgewogen und aufeinander abgestimmt. Das geht nicht immer ohne Konflikte. Die letzte Entscheidung bleibt beim Provinzial. Nach dem Ende der philosophisch-theologischen Ausbildung trennen sich die Wege der Studenten wieder. Die meisten gehen in die seelsorgliche Berufspraxis, einige machen noch eine Spezialausbildung (z. B. Medienarbeit, Pädagogik) oder ein Spezialstudium (z.B. in Sprachen, Psychologie o.ä.)

Nach etwa vier bis sechs Jahren Berufspraxis treffen sich die

Swami Animananda, geboren 1903 in Indien, ist ein Verfechter der Anpassung an Sitten und Lebensgewohnheiten der Menschen, denen die christliche Botschaft verkündet wird. Er arbeitet vor allem unter den Hindus aus höheren Kasten, die dem Christentum oft am kritischsten gegenüberstehen.

Patres wieder zum sogenannten „Terziat“. Austritte, vor allem unter jungen Leuten, stellen den Orden vor schwierige Probleme: zunächst praktische, denn mit weniger Leuten kann der Orden viele Arbeiten nicht weiterführen. Wichtiger aber ist die Frage, ob die Lebensgestaltung im Orden sich im Laufe der Jahre so entwickelt hat, daß sie Anlaß zu berechtigter Kritik gibt.

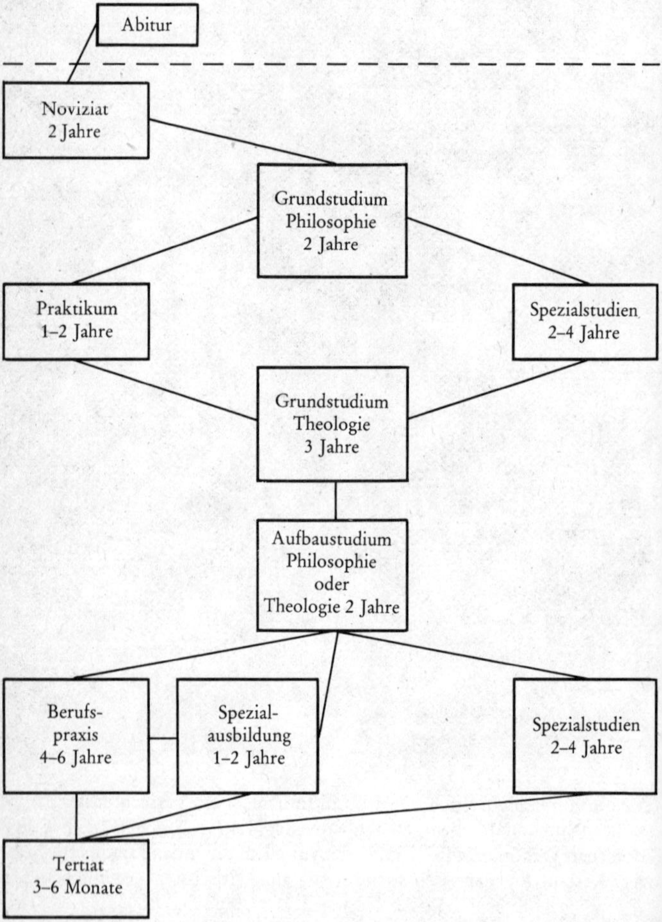

4. Berufsausbildung der Brüder

Ebenso wie bei den Priestern beginnt auch die Ausbildung der Brüder mit einem zweijährigen Noviziat. Eine abgeschlossene Berufsausbildung wird normalerweise vorausgesetzt. Meist sind die Kandidaten 25 bis 30 Jahre alt. Im Noviziat klären sie mit dem Novizenmeister und dem Provinzial, ob sie in ihrem alten Beruf weiter tätig sein wollen und sollen. Nach dem Noviziat legen sie erste Gelübde ab.

An das Noviziat schließt sich oft eine Phase der Ausbildung an. Mancher hat erst die Gesellenprüfung und soll noch seinen Meister machen. Andere schulen um: ein Bäcker beispielsweise lernt Krankenpflege, oder ein ehemaliger Elektriker, der in einem Land der Dritten Welt arbeiten soll, lernt noch Autoschlosser dazu. Ein ehemaliger Krankenpfleger wird Buchhalter oder Verwaltungsspezialist.

Manche Brüder arbeiten auch direkt im seelsorglichen Dienst. Sie machen dazu eine Ausbildung als Pfarrhelfer oder Katechet. Einige wenige studieren auch, z.B. um in einem Gymnasium zu unterrichten. Im deutschen Sprachraum sind Brüder mit Studien noch eine Ausnahme. In manchen anderen Ländern sind die Entwicklungen weiter. Die Berufsausbildung wird begleitet und ergänzt durch Kurse in Theologie. Es handelt sich hier um kein eigentliches Studium, weil das von der Arbeit her gewöhnlich nicht gefordert ist. Dennoch sollen die Brüder theologisch gründlich gebildet sein.

Nach ausreichender Berufspraxis, meist sechs bis acht Jahre, schließen auch die Brüder ihre Ausbildung mit dem Terziat ab. Auch für sie ist hier das gleiche Ziel und die gleiche Aufgabe gestellt. Nach dem Terziat binden sie sich in ewigen Gelübden an die SJ und diese an sie.

Die Ausbildung in dieser Form gilt erst seit 1967. Vorher waren die Brüder oft Hilfskräfte, die in Haus, Garten und Landwirtschaft das Zusammenleben in einem großen Haus ermöglichten. Eine solche Berufsauffassung allein vom Funktionswert der eigenen Arbeit her ist heute nur noch in Ausnahmesituationen für religiös interessierte junge Leute begeisternd. Daher versucht der Orden das Berufsbild der Brüder zu verändern und hat die Ausbildungsordnung geändert. Die Brüder stellen eine wesentliche Bereicherung der Gemeinschaft dar.

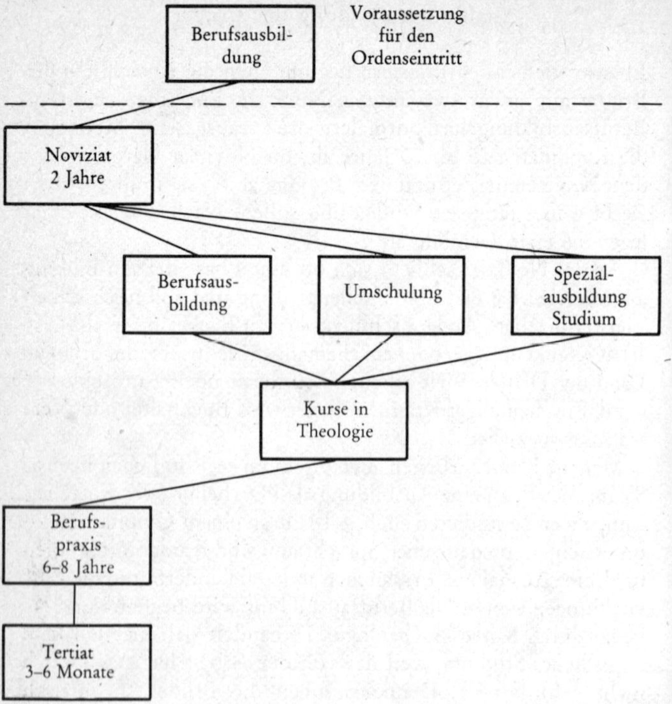

5. Generalkongregation 1974/75

Auf der Seite der Armen
Eine innere Kehrtwendung ist bei der 32. Generalkongregation des Ordens im Winter 1974/75 sichtbar geworden. Mehr als zuvor hat sich der Jesuitenorden auf die Seite derer gestellt, die materiell oder menschlich verarmt sind. In den Ländern der Dritten Welt sind das die Macht- und Besitzlosen. In Ländern, in denen es keine Meinungsfreiheit gibt, sind es die Menschen, die unter dem Verlust ihrer persönlichen und religiösen Freiheit leiden. In westlichen Industrieländern sind es Menschen, die durch materielle Übersättigung und durch Konsumdenken sich selbst ent-

fremdet sind und keinen Sinn mehr in ihrem Leben finden, der sie ausfüllen könnte.

Für die Jesuiten bekommt das Ordensgelübde der apostolischen Armut damit eine neue Tiefendimension: nicht nur die persönliche Verpflichtung zu einem einfachen Lebensstil, sondern auch das Mitempfinden und Mitdenken mit denen, die unter ihrer Würde leben. Letzte Begründung für diese Solidarität: Christus hat sogar auf das Privileg seiner Gottgleichheit verzichtet, um als Mensch unter Menschen zu leben. Er wählte den Weg der Unterlegenheit; dieser Weg hat den Blick für Gott und den Sinn des Lebens freigegeben.

In diesem Verständnis der Botschaft Christi wollen die Jesuiten in Zukunft mehr als bisher versuchen, „arm" zu leben. Sie sind sich ihrer Schwäche bewußt, die Stolz heißt: Jesuiten haben einen Hang zur Arroganz des Intellektuellen. Aber das Bewußtsein, geistig und geistlich besser gestellt zu sein, soll nicht dazu verleiten, auf andere herabzublicken. Im Letzten heißt das: Verzicht auf jedes Überlegenheitsgefühl.

Einsatz für Nicht-mehr-Glaubende

Ein weiterer Schwerpunkt der Generalkongregation ist die stärkere Ausrichtung auf Menschen, die der Kirche innerlich oder äußerlich fernstehen oder ihr den Rücken gekehrt haben. Der Hauptakzent der künftigen Arbeit des Ordens heißt „Evangelisation", Verkündigung des Evangeliums unter Nichtchristen bzw. unter Nicht-mehr-Glaubenden. Damit setzen die Jesuiten einen Auftrag fort, den ihnen Papst Paul VI. vor zehn Jahren gegeben hat: Auseinandersetzung mit dem Atheismus. Die Gewichtsverlagerung könnte man mit folgenden Schlagworten skizzieren: Weniger „Cura animarum" – Seelsorge für im Glauben Gefestigte – und mehr „Propagatio fidei" – Ausbreitung des Glaubens, missionarische Tätigkeit. Das sind alte Begriffe für eine erneuerte Grundeinstellung. Der Orden zieht sich nicht mit einem ängstlichen Teil der Kirche hinter irgendwelche Verteidigungsmauern zurück, sondern er versucht, in nicht-christliche und a-christliche Denk- und Lebensstrukturen vorzudringen. Von dort her will er zu neuen Formen des christlichen Glaubens in unserer modernen Welt mit ihrem gewandelten Lebensgefühl finden. Diesen Prozeß müssen die Jesuiten erst einmal bei sich selbst durchgemacht haben, ehe sie anderen von ihren Erfahrungen sprechen können.

Als wesentlichen Bestandteil der Evangelisationsaufgabe des Ordens hat die 32. Generalkongregation den Einsatz für Gerechtigkeit in der Welt genannt. Damit rücken die beiden genannten Schwerpunkte „Armut“ und „Evangelisation“ eng zusammen.

Inkulturation
Die Generalkongregation griff wieder auf, was die Jesuitenmissionare in China vor mehr als 200 Jahren fallen lassen mußten: die kulturelle „Anpassung“ des Apostolates an die jeweilige Kultur des Landes. „Inkulturation“ war ein Kernbegriff. So wie sich europäische und amerikanische Jesuiten in der Glaubensverkündigung auf die Säkularisierung einstellen, sind sich afrikanische und asiatische Jesuiten ihrer Denkweise, Kultur und Tradition bewußt.

Dieses Bewußtsein der verschiedenen Kulturen, auf die sich der Orden in der Welt einstellen muß, verändert das Selbstverständnis des Ordens. Die Uniformität von gestern ist einer Pluriformität innerhalb des Ordens gewichen. Wie wird der Orden mit dieser Vielfalt fertig? Zerreißt es ihn nicht, wenn Jesuiten in Asien und Europa sehr verschieden ausgebildet werden? Die 32. Generalkongregation sah, daß es heute unmöglich ist, ins einzelne gehende Regelungen aufzustellen.

Die Einheit innerhalb des Ordens wird heute mehr durch das gewahrt, was Ignatius von Loyola in seinen Ordensregeln die „interna lex“, das innere Gesetz, genannt hat. Dieses „innere Gesetz der Liebe, das der Heilige Geist in die Herzen zu schreiben und einzuprägen pflegt“, werde „mehr helfen als alle äußere Satzung“, schreibt Ignatius. Daß es unter den Jesuiten eine solche „interna lex“ gibt, die aus dem Glauben kommt und die in den Geistlichen Exerzitien nach und nach zur eigenen Grundhaltung gemacht wird, hat die 32. Generalkongregation in den eigenen Reihen deutlich gezeigt. Die Unterschiede in der Denkweise der Vertreter des Jesuitenordens aus aller Welt in Rom waren groß. Ebenso groß jedoch war das Zusammengehörigkeitsbewußtsein und die Bereitschaft, auf die Vorstellungen von Jesuiten aus anderen Ländern einzugehen. Sie hatten im Laufe der Jahre nach dem Zweiten Vatikanischen Konzil gelernt, eine Einheit gerade in der Vielfalt zu finden. Diese Einheit liegt tiefer, als sie ein Buchstabe erfassen kann.

Die Frage, wohin sich der Orden entwickelt, läßt sich so

schwer beantworten wie die Frage nach der Zukunft überhaupt. Nur eines läßt sich aufgrund der Generalkongregation sagen: der Orden verwandelt sich mit der Umschichtung der Weltkulturen. Sein Hauptcharakteristikum war von jeher die Beweglichkeit. Er bleibt sich nur treu, wenn er sich wandelt. Die Beobachtungen auf der 32. Generalkongregation zeigen, daß der Jesuitenorden dieses sein Charakteristikum beibehalten hat.

6. Pedro Arrupes Sicht der Lage

Die Gesellschaft Jesu stand in ihrer mehr als vierhundertjährigen Geschichte immer wieder vor entscheidenden Herausforderungen. So auch während der „hundert Tage“ der 32. Generalkongregation vom 1. Dezember 1974 bis zum 8. März 1975.

Die kleine Gruppe „reformierter Priester“ um Ignatius von Loyola begann ihr apostolisches Experiment im Dienst der Kirche in einem Jahrhundert, in dem die bisherigen Ordnungen gesprengt wurden und die gewohnten Sicherheiten zerfielen. Es war aber gleichzeitig das Jahrhundert, in dem neu entdeckte Welten zur Begegnung mit der Kirche einluden, und die Wissenschaften neue Möglichkeiten zu dieser Begegnung anboten. So stand dieser Orden von Anfang an unter der Spannung und Verpflichtung von Vergangenheit und Zukunft.

Diese Herausforderung gilt auch 1975. Wiederum steht die Welt in entscheidenden technisch-sozialen und kulturell-geistigen Veränderungen. Bisherige Strukturen werden abgebaut oder bedroht, neue Möglichkeiten einer humaneren Welt bieten sich an. Und wiederum stellt sich mit ganzer Dringlichkeit die Frage nach dem Standort der Botschaft Christi und der Aufgabe der Kirche. Die Gesellschaft Jesu hat vor vierhundert Jahren ihre Existenzberechtigung einzig im Dienst dieser angefochtenen Kirche gesehen. Sie sah auch auf der hinter uns liegenden Generalkongregation für die Zukunft keine andere Zielsetzung.

Diese Entscheidung kann vom Orden in der heutigen Welt nur dann durchgehalten werden, wenn er sich über die eigenen Grundpositionen nach Ignatius von Loyola im klaren ist: der Entschluß zur radikalen Christusnachfolge, wie sie in den Exerzitien ausgesprochen ist und sich in den Ordensgelübden konkretisiert; die Offenheit für eine jeweils neue apostolische Sendung, die sich nicht durch erstarrte Formen festlegen läßt, sondern grundsätzlich flexibel und weltweit bleibt; das Bewußtsein, daß diese Sendung unlösbar mit dem besonderen Gehorsam dem jeweiligen Papst gegenüber verbunden ist; die Bereitschaft zu einer Ausbildung, die sich nicht mit einer Minimalforderung zufrieden gibt, sondern die optimale Verfügbarkeit für den apostolischen Dienst anstrebt; die Bejahung einer apostolischen Gemeinschaft „als Freunde im Herrn", die gegenseitig verpflichtet und inspiriert und auch dann trägt, wenn der einzelne im Dienst seiner Sendung einmal in einer „Diaspora" leben muß. Dies waren auch die entscheidenden Grundaussagen während der „hundert Tage".

Das alles mag etwas abstrakt und ideal klingen. Konkret wurde es während der Sitzungen der Generalkongregation und in ihren 237 Delegierten.

Der Grundton der erarbeiteten Resolutionen ist zukunftsorientiert. Ich freue mich darüber, weil dieser Optimismus von Ignatius selber kommt. Er hatte für sich und seine Mitbrüder folgenden Grundsatz: „Setzt euch so ein, als ob alles von euerem Bemühen abhinge. Vertraut dabei aber so auf Gott, als ob alles von ihm entschieden würde."

Pedro Arrupe SJ
Generaloberer der Gesellschaft Jesu

7. Tendenzen konkret: Jesuiten berichten

PETER HORNUNG, *geboren 1920 in Münster (Westfalen), ist seit 1939 Jesuit. Er arbeitete seit seiner Ausbildung in Stockholm (Schweden) als Pfarrer und Missionar. Lange Jahre leitete er die gesamte Arbeit der Jesuiten in Schweden.*

25 Jahre Seelsorgstätigkeit in Schweden ermöglichen eine Rückschau. Manche meiner Anlagen und Wünsche sind im Orden nicht zum Zuge gekommen. Ich bin dankbar für die Entscheidung, die ich in meiner Jugend getroffen habe: weder die geliebte Mathematik noch das große Hobby römischer Archäologie gewählt zu haben, sondern der Verstandeseinsicht gefolgt zu sein: als Priester im Jesuitenorden den Menschen zunutze sein zu können.

Weder die Jahre im Kriege noch die langen Jahre der Ausbildung, noch all die Jahre als Priester haben diese meine Entscheidung jemals in Frage gestellt. Im Gegenteil, sie ist wachsend befestigt worden. Das ist u.a. wohl dadurch bedingt, daß ich ein glückliches Temperament habe. Es wird auch damit zusammenhängen, daß ich in Schweden tätig bin. Natürlich gehen mir manche meiner Aufgaben gegen den Strich. Wer wird schon Priester, um Bau-Fonds zu verwalten oder die Friedhofspflege zu überwachen? Aber, um von den eigentlichen Aufgaben der Pfarrseelsorge zu schweigen – ob es Hilfsaktionen im Bereich der Sozialfürsorge oder Einzelgespräche während eines Hausballs sind, Verhandlungen mit Behörden, Familienberatung am Telefon oder Vorträge in Rotary-Clubs –, die priesterliche Wirksamkeit ist so vielschichtig und schenkt mir immer wieder das gleiche, oft von Verwunderung begleitete Erlebnis: ich werde gebraucht, ich kann vielen Menschen in oft grundlegenden Lebensfragen helfen, andere zum ernsten Nachdenken oder Fragen anstoßen. Mein Einsatz an Kraft und Zeit ist unmittelbar sinnvoll, gibt Freude und Befriedigung.

Solch eigene Reflexion ist ohne Überheblichkeit. Ja, sie wird nicht selten zum Gebet: sei es, daß ich selbst ratlos bin, was ich denn hier noch sagen oder tun könnte, sei es, daß ich klein und bescheiden werde von dem stets wieder neu erlebten Zeugnis anderer, die ihr Leben aus tief religiöser Kraft meistern.

Eine Sorge bleibt: ich fordere mir selbst nicht genug Zeit und Kraft ab, um in Studium und Meditation die eigene innere Substanz zu erneuern. Eine Frage, die immer wieder auftaucht: wo ist denn in meinem Leben etwas von der Härte des Kreuzes Christi spürbar? Opfer? Zölibat z.B.? Natürlich wäre es schön, Frau oder Kinder zu haben. Es wäre traurig, wenn ich es anders empfinden würde. Aber „Opfer" – nein! Dazu habe ich zu häufig gesehen, wieviel Opfer Ehegatten und Eltern bringen müssen. Alles hat seinen Preis. Habe ich es mir zu bequem gemacht? Etwa in dem, was ich verkündige und den Menschen abfordere? Sind es mehr als rein natürliche Werte, die ich den Menschen anbiete? Gerade das gehört in Schweden zur täglichen Erfahrung und deshalb auch zur Verkündigung: der Hunger nach dem religiösen Bezug. Um Mensch im vollen Sinne sein zu können, ist der religiöse Bezug wesentlich. Der aber hat eine unendliche Dimension, eine stete Offenheit nach mehr, tiefer, größer. Auf dieser Linie ist die stille unartikulierte Christusnachfolge gar nicht so selten. Ich begegne ihr zuweilen zur eigenen Beschämung und Erbauung.

George Ribas: Bei der Meditation

George Ribas, geboren 1932 in Spanien, lebt seit 1960 in Indien. Er arbeitet unter den Bauern auf dem Land, baut mit ihnen Brunnen, versucht ihre Lebensbedingungen zu vermenschlichen. Für ihn bedeutet dies einen wesentlichen Bestandteil der Verkündigung. Hier: Bei der Eucharistiefeier

Als wesentlich erlebe ich die Zusammengehörigkeit der Mitbrüder. Bei aller Verschiedenheit eben auch die gegenseitige Ergänzung. Sind sie meine Freunde? Ja und Nein. Wenn sie Laien wären und ich würde ihnen als Laie begegnen, mit etlichen würde ich gelegentlich gerne ein Glas Wein trinken, ja. Aber mehr wohl nicht. Und doch sind sie viel mehr als nur Arbeitskameraden. Gerade die Verschiedenartigkeit und manchmal etwas unpersönliche Distanz macht das Wissen lebendig und konkret: Ein jeder von uns ist vom Herrn in den gleichen Dienst genommen. Erst als Glied in der Gemeinschaft der Gefährten Jesu bin ich Instrument in Gottes Hand.

Ich habe hier viel zu viele Freunde, die jeglichem Glauben fernstehen, als daß meine Glaubensauffassungen davon unberührt geblieben wären. Der Horizont ist weiter, die Form elastischer geworden, der Kern auf wenige wesentliche Punkte als unabdingbar christlich und katholisch konzentriert. Dabei geht es mir nicht um das Ansehen und die Position der Kirche, sondern um die Chance, „die Menschenfreundlichkeit unseres Gottes und Heilandes offenbar zu machen". Das ist freilich identisch mit der Person und Botschaft Jesu, der durch die Kirche auf uns zukommt.

Dem zu dienen, dafür mein Leben einzusetzen, so ahnte ich vor Jahrzehnten, sei richtig und sinnvoll. Heute finde ich es bestätigt. Und ich bin dankbar.

HANS JERAN, *geboren 1935 in München, gehört seit 1956 zur Gesellschaft Jesu. Nach einer Ausbildung als Heimerzieher arbeitet er in einem Team von Erziehern am Kolleg St. Blasien im Schwarzwald, einem Gymnasium mit Internat für Jungen.*

Während ich diese Zeilen schreibe, werde ich gelegentlich von jungen Leuten gestört, für die ich als Erzieher zu sorgen habe. Sie wollen Auskünfte, Tips, Ratschläge. Sie suchen einen Erwachsenen, mit dem sie sich auseinandersetzen können. Sie brauchen Hilfe in alltäglichen Dingen. Kurz gesagt, ich werde vielfältig gebraucht, und das bekomme ich zu spüren.

In diesen Begegnungen mit ihnen spielt noch etwas mit: die Prüfung meiner persönlichen Sicherheit als Mensch, meiner Überzeugung, meines Glaubens als Repräsentant der Kirche und des Ordens. Ein junger Mensch braucht, um darüber zu urteilen, nicht lange zu reflektieren. Er spürt das aus der Begegnung, aus meinen Äußerungen und aus meinem Verhalten auf seine offenen und versteckten Provokationen. In diesem Spiegel scheint dann doch etwas wider, was man dem Wort ‚Lebensgefühl' zuordnen könnte.

Im Verlauf von manchen Gesprächen fallen bei jungen Menschen nicht selten harte Worte über die Kirche und mancher ihrer Vertreter. Man stößt auf Skepsis, gelegentlich auch auf Ablehnung kirchlicher Meinungen und Lehren. Ich weiß, daß nicht jede Kritik unberechtigt ist. Ich weiß jedoch auch, daß das Hineinwachsen in eine Gemeinschaft, wie die Kirche, ebenso in Form von Auseinandersetzungen geschieht.

Ebenso wenig kann ich über den angenehm zurechtgebastelten Glauben vieler Christen hinweghören oder die Kluft zwischen Glauben und Leben aus diesem Glauben leugnen.

Wie ist das nun? Macht nicht dieses alles unsicher, nagt es am Lebensnerv, läßt es mich zittern, drängt es mich, all dies aus meinem Bewußtsein zu verdrängen?

Natürlich läßt es mich nicht kalt zu beobachten, wie in den Ballungsräumen der Zivilisation Glaube und Kirche zu ersticken scheinen. Natürlich gibt es auch mir zu denken, daß die Bereitschaft schwindet, sich für Aufgaben im Namen der Kirche an sie zu binden. Ich sehe, wie Ordensgemeinschaften in der Auseinandersetzung stehen, um den Sinn ihrer Arbeit, die Formen ihres Zusammenlebens. Ich erlebe im Jesuitenorden, wie Formen sich wandeln und wie man verschiedentlich um ein neues Profil ringt. Ich erlebe auch, daß mancher Mitbruder, den ich in den Jahren der Vorbereitung schätzen lernte, plötzlich glaubt, diesen Weg für Christus nicht mehr gehen zu können.

Dennoch erzähle ich gern über den Jesuitenorden, über Mitbrüder und ihre Arbeit. Ich fühle mich mitbetroffen, wenn ein Mitbruder ins Kreuzfeuer der Kritik kommt, wenn es an Mitbrüdern mangelt, um eine Arbeit weiterzuführen, wenn es um Schwierigkeiten in anderen Häusern oder Provinzen geht.

Aber ich spüre genauso die Überzeugung: Was Ignatius seinem Orden mitgegeben hat als geistliches Erbe, birgt so viel Kraft in sich, daß zeitbedingte Lebens- und Anpassungsschwierigkeiten daraus bewältigt werden können. Dieses Fundament läßt sich nachvollziehen, und man kann es sich zu eigen machen, vor allem in den Exerzitien. Ich finde in meinen Mitbrüdern Menschen, die ebenfalls daraus leben wie ich.

Schon im Anfang gab es den Verrat an Christus, genauso Unverständnis, Ablehnung und Widerspruch. Dies in der Wirklichkeit des Alltags der Kirche zu erleben und auszuhalten ist wahrer als beispielsweise nur in der Meditation zu bewältigen. Es gab Streitereien, Spannungen und Schwärmerei in den frühen Christengemeinden, es gab eine Entwicklung in der Theologie und in der Liturgie. Es gab nie die Ruhe der Erstarrung, aber immer den Geist Gottes, der antrieb und lebendig machte. Auch heute noch gilt das Wort, daß Er bei uns ist, bis ans Ende der Zeit. Aus diesem Wissen und den daraus entspringenden geistlichen Erfahrungen kann man leben und arbeiten in der Kirche und im Orden.

KARL RAHNER, *geboren 1904 in Freiburg i. Br., ist seit 1922 Jesuit. Er arbeitete als Professor für systematische Theologie an den Universitäten Innsbruck, München und Münster und veröffentlichte Beiträge zu fast allen theologischen Fragen der Gegenwart. Zur Zeit lebt er an der Hochschule für Philosophie in München.*

Wie kann ein Mensch von heute noch Jesuit sein und Jesuit bleiben? Auf diese Frage kann jeder Jesuit nur sehr „subjektiv" antworten.

Ich will es einfach sagen, auch wenn es fromm klingt. Nicht weil der Orden auch heute noch in der Kirche einen nicht unbedeutenden Einfluß hat, nicht weil er auch heute noch viele Universitäten betreibt, Gelehrte aller Art hervorbringt, sich in Massenmedien bemerkbar macht usw. Nicht einmal weil er sich doch in vielen Ländern deutlicher als früher auf die Seite der Armen und Unterdrückten gestellt hat. Sondern weil, über alle seelsorgerliche, kirchliche und kirchenpolitische Arbeit mit und ohne Erfolg hinaus, auch heute nach meiner Erfahrung in vielen der Mitglieder ein Wille lebt zum ungelohnten, schweigend getanen Dienst, zum Gebet, zum Sicheinlassen auf die Unbegreiflichkeit Gottes, zur gelassenen Annahme des Todes, in welcher Form er auch immer kommt, zu Jesus dem Gekreuzigten. Da ist dann im Letzten gar nicht entscheidend, welche geistes- und kirchengeschichtliche „Bedeutung" eine Schar solchen Geistes hat oder ob sich solcher Geist in anderen Gruppen ausdrücklich oder namenlos genauso findet. Diesen Geist gibt es. Ich denke an Brüder, die ich selber kannte: an meinen Freund Alfred Delp, der mit gefesselten Händen seine endgültige Zugehörigkeit zu diesem Orden unterschrieb; an den, der auf einem indischen Dorf, auf dem sich keiner der indischen Intellektuellen blicken läßt, den armen Teufeln dort einen Brunnen graben hilft; an den, der stundenlang sich die Mühsal und Qual des nur scheinbar harmlosen Spießbürgers im Beichtstuhl anhört; an den, der sich mit seinen Studenten in Barcelona von der Polizei prügeln ließ ohne die Genugtuung, ein Revolutionär mit dessen Glorie zu sein; an den, der jeden Tag im Krankenhaus an Sterbebetten steht und dem so noch das Einmalige zum alltäglich Gewöhnlichen werden muß; an den, der in den Gefängnissen die Botschaft des Evangeliums „feilbieten" muß, immer neu, kaum bedankt und für Zigaretten mehr geschätzt als für die Worte des Evangeliums; an den, der mühsam und ohne „statistische" Erfolge einen Funken von Glauben, Hoffnung und Liebe in ein paar Menschen zu wecken sucht. Solche und viele andere Gestalten und Ereignisse der Selbstaufgabe in das Geheimnis Gottes hinein sind auch heute im Orden das entscheidende und das als entscheidend anerkannte.

Ich fand im Orden eine Gemeinschaft, die eine lange Geschichte hat. Gewiß bedeutet solch eine Geschichte auch Hemmnis und Ballast, aber doch noch viel mehr erprobte Weisheit und Reichtum an Erfahrung, die nicht durch bloß theoretisches Raisonnement und Planen ersetzt werden kann.

Ordensleben bedeutet für mich den Mut, der sich lohnt, sich von anderen etwas sagen zu lassen, eine vorschnelle Verliebtheit in seine Meinungen und Gefühle zu überwinden: Wenn man es einigermaßen gewagt hat, diesen Mut zu haben, merkt man nachher, daß dieses Anvertrauen an den größeren Geist einer Gruppe segensreich ist.

Man merkt heute, daß die individualistische Kleinfamilie oft unrationell viel Arbeit, Zeit und so weiter verschlingt und eine größere Koordination solcher Kleinfamilien für alle oft vorteilhaft wäre, auch wenn man nicht in einem Kibbuz oder in einer Kommune von heute leben will. Nun, eine heutige Ordensgemeinschaft hat, von einer langen Erfahrung belehrt, solche Lebensformen ausgebildet, daß der einzelne nicht in einer Gruppe erstickt und doch die sehr wichtigen Alltagsvorteile einer größeren Gruppe erlangen kann (besonders wenn sie viele Häuser an vielen Orten hat): Die Sorge ums tägliche Brot und andere Alltagsbedürfnisse wird, auf diese Weise verteilt, für den einzelnen geringer (die „Laien" sollten das den Ordensleuten nicht vorhalten, denn diese „bezahlen" diesen Vorteil durch ihre Einfügung in das Gemeinschaftsleben, die nicht immer so leicht ist); die Möglichkeit einer individuellen und auch wechselnden Gestaltung des eigenen Lebens scheint mir im Ganzen im Orden größer zu sein als dort, wo im „weltlichen" Leben einer doch meist sehr zementiert festgelegt ist auf den einmal gewählten Beruf.

Selbstverständlich erlebe ich in meiner Ordensgemeinschaft und an ihr auch alle die Erfahrungen, die keinem Menschenleben erspart bleiben: Die Enttäuschungen an mir selbst, den Abstand zwischen dem, was ich wollte und was ich schaffte und erreichte; die Erfahrungen des Menschlichen und auch Sündigen, zu dem ich selbst meinen Beitrag leistete; die Einsamkeit, die mir auch in einem Kreis von treuen Brüdern nicht erspart bleibt usw.

Wer damit nicht in nüchterner Männlichkeit, in tapferem Lebensrealismus und in christlichem Verständnis der Lebensgemeinschaft mit Jesus, dem Gekreuzigten, fertig werden kann, ist sicher nicht geschaffen für das Leben in einer Ordensgemeinschaft.

Die Endlichkeiten und Unzulänglichkeiten des menschlichen Lebens, die ich durch meinen freien Entschluß zum Ordensleben auf mich genommen habe, sind wegen dieser Freiheit deutlicher zu merken, als die Unzulänglichkeiten, die mir ungefragt durch das Leben zugemutet werden und die ich darum stillschweigend in Kauf nehme. Diese Engen sind aber oft viel größer als die frei angenommenen Unzulänglichkeiten des Ordenslebens.

Ich habe Mitbrüder erlebt, die unter lautem Protest durch einen Austritt den frei gewählten Unzulänglichkeiten des Ordenslebens entgingen; sie mußten dann schweigend die Mühsal härter erfahren, die einem durch das Leben ungefragt zugemutet wird.

Aber ich muß gleich hinzufügen, daß mein Einblick und meine Erfahrung in andere Familien, Gesinnungsgruppen, andere gesellschaftliche Formationen, Parteien, Kollegenkreise usw. mich davon überzeugten, daß meine Ordensgemeinschaft, was das Menschliche, Brüderliche, Christliche angeht, keinen Vergleich mit diesen anderen Gruppen zu scheuen braucht. In meinem Orden mag es manchmal kühl und nüchtern hergehen, weil ein Orden nüchtern und sachlich einer Sache dienen will (der Sache Christi und der Kirche) und kein kleiner Kreis von Leuten ist, die sich gegenseitig nur sympathisch finden. Aber auf die Dauer macht doch nur das Bewußtsein glücklich, nach Kräften (armseligen Kräften) einer Sache selbstlos zu dienen immer wieder versucht zu haben.

Ich hätte mein Leben als Jesuit nie leben können, wenn ich nicht das innere Verhältnis eines unbedingten Glaubens an Jesus Christus den Gekreuzigten und Auferstandenen gefunden hätte. Denn ihm soll mein Leben dienen, sein Leben soll es fortsetzen, die Kraft seines Lebens bezeugen. Und das in Gemeinschaft mit anderen, die den gleichen Glauben und die gleiche Überzeugung für ihr eigenes Leben haben. Ich bin in dieser Gemeinschaft nur reicher geworden in dem Maß, in dem ich mehr zu geben suchte als zu empfangen. Dann habe ich erfahren, daß in meiner Gemeinschaft der Geist Christi lebendig gegenwärtig ist.

Unter viel Asche brennt auch heute in meinem Orden die Liebe zu der Unbegreiflichkeit Jesu und seines Schicksals. Von daher dient er der Kirche und kann ihr gegenüber und gegen sich selbst sehr kritisch sein, sich auf das Experiment einer nicht vorauskalkulierbaren Geschichte einlassen und Leben, Erfolg und Mißerfolg, Prestige und Unbedeutsamkeit getrost als Teilnahme am Geschick dessen entgegennehmen, dessen Name mein Orden (gewiß ein wenig unbescheiden, aber auch voll rührender Hoffnung) trägt.

LOTHAR LIES, *geboren 1940 in Offenbach (Main), ist seit 1960 Jesuit. Zur Zeit arbeitet er als Studentenseelsorger an der Universität Würzburg, bereitet seine Promotion vor, um einmal Theologie zu dozieren.*

Die Jesuiten sind als kritischer Haufen verschrien, was soviel meint wie elitär nörgelnder Verein, intellektuelle Lobbyisten und Macher, durch ihren schlechten Ruf berüchtigter als durch ihren guten berühmt. Das ist von außen gesehen.

Als Insider sieht dies für mich und meine Arbeit anders aus. Wir kritisieren uns aus den verschiedensten Ecken: der Praktiker den systematischen Theoretiker, der engagierte Stratege den sensibel Zögernden, der Mann der Intuition den kühlen Planer, der Abweichler den Orthodoxen. Und dies alles nochmals umgekehrt. Und seltsamerweise: diese Kritik in ihrer Härte, in geistvollen Spitzen artikuliert, die oft viel tiefer dringen als plumpe Anwürfe, birgt und trägt mich. Natürlich wehre ich mich auch; diese Kritik, Ausdruck von Pluralität hat ein Gemeinsames, das verbindet, etwas Liebenswertes. Dieses Liebenswerte muß nicht krampfhaft gesucht werden, auch nicht aufgeklebt oder durch Seelenkosmetik erzeugt. Es ist einfach da, unterschwellig. Was ist dies?

Ich meine, es ist der eigene Beruf, es sind die eigenen Ideale, die in ganz anderer, kontradiktorischer Alternative zu mir in einem Mitbruder lebendig sind. Mein Beruf im Orden, tausendfach alterniert, ist für mich die Arbeit für die Kirche. Alle sachliche und persönliche Kritik innerhalb der Gesellschaft Jesu hat für mich einen erlebbar und tragenden apostolischen Bezug. Ein Petrus und ein Paulus stehen sich auch heute noch gegenüber. Das ist für mich das Leidvolle und zugleich das Große. Unsere Berufung zur Kirche und zum Menschen, der Gott gehört, zerstreitet uns und vereint. Ob sich nun einer gegen ein Wort eines Bischofs wendet und sich weiter vorwagt, um diese zweitausendjährige Dame Kirche lebendig zu erhalten, oder ob einer hintendran bleibt, ganz bewußt, um dieser Dame eine Perlenkette zu retten, die sie nun schon siebenhundert Jahre trägt und die vielen etwas bedeutet, beides aus Verantwortung, aus Liebe zur Kirche. Das ist tragend, bergend, kreativ. Ich habe das Glück gehabt, in der Gesellschaft Jesu nur kreativen Streit zu erleben, ob im Studium oder in der Arbeit. Innerhalb der Gesellschaft Jesu prägt mich die Spannung von Macht und Ohnmacht. Jesuiten haben den Zug zur Unerbittlichkeit, zur Härte. Jesuiten haben, das ist nicht zu verleugnen, einen Zug zur Macht, so oder so. Ob in den Aufsichtsräten der Kirche, auf ihren Chefetagen und in theologischen Kommissionen oder in den Zentren des Aufruhrs ewig unzufriedener Kirchenverbesserer. Ist dies nicht widersprüchlich? Ist es geheime Strategie oder Konzeptionslosigkeit? Ich glaube, beides ist nicht richtig. Ich empfinde bei meinen Mitbrüdern eine geistliche Feinheit, eine unruhige Sensibilität, die hinter der Macht und der Intelligenz steht und sie unberechenbar erscheinen läßt. Diese Unberechenbarkeit, wir nennen dies unsere Freiheit und unser Fragen nach dem Willen Gottes, hüten wir wie ein heiliges Feuer. Das läßt uns nach außen treulos erscheinen, aber letztlich ist es unsere Gewissensfreiheit, die sich in der Liebe zur Kirche artikuliert.

Dies bedeutet Unruhe und Sicherheit zugleich. Beides schwingt im Gebet des Ignatius von Loyola und bei seinen „Söhnen“ mit: „Herr, was soll ich jetzt tun?“ Gerne hätte man uns, in der Arbeit innerhalb der Kirche erfährt man dies bald, auf der einen oder der anderen Seite, gern würde man unsere Arbeit und uns selbst vereinnahmen, vor irgendeinen „frommen" Karren spannen. Ich glaube, das ist das Gefährlichste, was uns passieren kann, wir würden uns selbst aufgeben. Denn ein Jesuit trägt, so meine ich in meinen 15 Jahren Mitgliedschaft erfahren zu haben, eine Wunde, die sein Inneres nicht verkrusten läßt, an der Kirche zu leiden, eine Wunde, die Verstand und Herz beweglich hält. Ich habe sehr harte, mir persönlich unsympathische Mitbrüder kennengelernt, Erfolgsleute, die aber ebenso verlieren konnten. Sie konnten ohnmächtig werden und auf ihre Position verzichten, weil das Gesamt eine andere Arbeit forderte. Sie konnten mit der gleichen Energie anderes tun. Bei aller Macht, bei allem Hang zum Erfolg bleibt der Jesuit in einer gewollten Ohnmacht, in Distanz zu seiner Arbeit. Nicht er ist der Auftraggeber, sondern Christus. Und läßt sich dieser Christus festlegen?

Man macht nicht nur mir, sondern uns Jesuiten überhaupt den Vorwurf, zu natürlich zu denken, anscheinend nicht zu glauben, allein vernünftige Kriterien bei Entscheidungen anzulegen. Man spöttelt, nicht einmal der liebe Gott wisse, was die Jesuiten eigentlich denken und ob sie überhaupt glauben. Dahinter liegt der leise Vorwurf, Jesuiten hätten einen Hauch des Atheistischen an sich. Ich deute dies für mich so: Etwas ist nur soviel wert, wie es vor Gott und von Gott her seinen Wert hat. Und so gibt es überhaupt keinen Gegensatz zwischen einer sachgerechten und einer frommen Sicht der Dinge. „Gott finden in allen Dingen" ist die Religiosität des Jesuiten. Das ist das Natürlichste von der Welt. Der Jesuit will ein Mann Gottes sein als Mann in der Welt. Denn, wo leben wir? Etwa im Himmel? Unsere Frömmigkeit ist nicht klerikal, auch nicht mönchisch, sie ist weltlich. Ist dies atheistisch?

ERICH ROMMERSKIRCH, *geboren 1904 in Trebnitz (Schlesien), ist seit 1923 in der Gesellschaft Jesu. Er war in der Jugendseelsorge tätig, vor allem war er am Aufbau und der Verbreitung des Bundes Neudeutschland beteiligt. Zur Zeit arbeitet er in der Seelsorge in Marburg (Lahn).*

Wenn ich zurückdenke, was mich als jungen Jesuiten prägte, was dem 20jährigen als Ideal erschien, da sind manche Worte vergessen, da hat mancher Satz andere Akzente bekommen, da sind in Symbolen neue und tiefere Inhalte aufgetaucht, aber die „Melodie“, alles, was zum „Lebenslied“ wurde, ist weitergegangen und klingt noch immer. Ja, der 70jährige meint in mancher Stunde schon zu hören, wie nun mächtig und beglückend das Finale anhebt.

Was Ignatius von Loyola wollte, sagen seine „Geistlichen Übungen“, verstanden nach seinen, dem Orden gegebenen „Konstitutionen“ und in der Tradition der Gesellschaft Jesu. Da wird Gleichmut, Indifferenz, gefordert: „Deshalb ist es notwendig, uns gegen alle geschaffenen Dinge gleichmütig zu stimmen ... so daß wir unsererseits die Gesundheit nicht mehr wollen als die Krankheit, den Reichtum nicht mehr als die Armut, die Ehre nicht mehr als die Schmach, ein langes Leben nicht mehr als ein kurzes ... indem wir einzig das verlangen und wählen, was uns mehr fördert zum Ziel, für das wir geschaffen sind.“ Das erschien dem jungen Mann hart. Es gab Stunden, wo sich alles gegen solche Gelassenheit sträubte. Aber dann kamen im Laufe des Lebens Zeiten und Stunden, wo allein diese Haltung das Leben und seinen Sinn rettete. Aber erst jetzt, an meinem Lebensabend, erkenne ich ganz, welche Freiheit mir so geschenkt wurde und wird. Lächelnde Freiheit gegenüber allen Träumen, die aus der Tiefe der Seele auftauchen mögen. Nüchterne Freiheit, wenn einem die Altersversuchung überkommt, eine Erfolgs- oder Mißerfolgsbilanz aller Lebensarbeit zu ziehen. Letzte Freiheit, die nicht mehr fragt, „welches das Maß und die Zahl meiner Tage ist“.

Ignatius zeigte mir vor 50 Jahren, daß Nachfolge Christi viel mehr ist als nazarenische Jesusfrömmigkeit, als sentimentales Schauen, gar als triumphalistische Kirchenbegeisterung. Es geht unerbittlich um die Nachfolge Christi, im Einsatz für das Reich Gottes, in stets neu zu erringender Entscheidung zwischen den „Zwei Bannern“. Moderne Bibelwissenschaft läßt uns das Evangelium nicht mehr so naiv lesen, wie das Ignatius tat. Aber, las er es denn naiv? Paulus sagt uns, daß wir mit Christus begraben und in Christus zu neuem Leben erweckt sind. Kreuz und Auferstehung sind die beiden Pole jedes Christenlebens. Man betont heute mehr die „Eschata“, die Vollendung, die mit der Auferstehung des Herrn begonnen hat. Das ist gut so. Ich begrüße es, daß junge Mitbrüder den angstgejagten Menschen von heute ganz konkret Hoffnung bringen möchten. Die Hoffnung ist transzendent. Ihr Ziel liegt jenseits von Zeit und Geschichte.

Dennoch möchte ich meinen, ohne es beweisen zu können, daß die Kirche – und mit ihr die Gesellschaft Jesu – in hundert Jahren besser, schöner, dem Evangelium näher sein wird als heute.

Am Schluß der Exerzitien steht die „Betrachtung zur Erlangung der Liebe“. Dort heißt der vierte und letzte Schritt der Meditation: „Ich betrachte, wie alle Güter und Gaben von oben herabsteigen, und so auch meine beschränkte Kraft von jener höchsten und unendlichen dort oben, und so auch die Gerechtigkeit, die Güte und die Pietät, die Barmherzigkeit usf. gleichwie von der Sonne die Strahlen ausgehen, von der Quelle die Wasser." Ich habe mich oft gefragt, warum Ignatius gerade diese vier „Tugenden“ nennt. Nur eine bedeutungslose Aufzählung? Mir scheint vielmehr, hier wird der Mensch gezeichnet, der aus den Exerzitien herauskommen soll, der Jesuit, wie er sein sollte. Gerechtigkeit ist jene Einstellung, die jedem Menschen und jeder Sache gibt, was ihnen zukommt. Daran hat einer sein Leben lang zu tun. Güte ist das grundsätzliche Wohlwollen, das niemanden ausschließt. Pietät meint lebendige Ehrfurcht und ehrfurchtsvolle Liebe, eine Tugend, an der es Jesuiten zuweilen fehlt. Barmherzigkeit: was ist das Neue Testament anders als die Verkündigung von der Barmherzigkeit Gottes, die uns in seinem Sohn geschenkt ist? Und was brauche ich am Ende meines Lebens dringender als Gottes Erbarmen?

Reinhold Ettel, *geboren 1938 in Wien (Österreich), ist seit 1956 Jesuit. Nach seiner Ausbildung war er in der „action 365“ tätig und baute die Familienseelsorge in der Diözese Gurk (Österreich) auf.*

Die zwei Jahrzehnte im Orden sind zu kurz, um ganz betriebsblind geworden zu sein; zu lange, um nicht unverkennbar davon geprägt zu sein. Meine Einstellung zum Beruf, zum Orden, zu den Aufgaben als Priester haben sich jedoch seit dem Eintritt in die Gesellschaft Jesu mehrfach und deutlich gewandelt.

Die Aufgabe als Priester und Ordensmann sehe ich darin, als „normaler Mensch“ und glaubwürdiger Christ, ohne Ansprüche auf klerikale Privilegien zu leben. Das Evangelium, die Frohbotschaft vom Ja Gottes zu uns Menschen und zu unserer Welt. Das Beispiel Jesu Christi und die darin begründete Hoffnung sagen mir für diese Aufgabe sehr viel, und ich möchte einen Beitrag für die Mitmenschen im Sinne dieses Evangeliums leisten. In erster Linie sehe ich den Beitrag darin, daß ich mich selbst immer wieder mit dem Glauben und einer gelebten Beziehung zu Christus auseinandersetze. Ich möchte erfahren, was Glauben heißt, welche Freiheit und welches Risiko ich dabei erlebe. Diese Erfahrung möchte ich anderen weitergeben.

In der sozialen Rolle als Priester erlebe ich die unterschiedlichsten Erwartungen. Für die einen bin ich halt immer noch der Priester, der eben so reden und handeln muß ... und der entsprechend klischeeartig beurteilt und zum Außenseiter abgestempelt wird. Für andere bin ich der fortschrittliche, moderne Jesuit, dem viel Sympathie oder ein ungerechtfertigt großes Vertrauen vorgeschossen wird. – Oder umgekehrt, dem man am besten zunächst nicht viel Gutes zutraut. Für andere bin ich wirklich nur Reinhold Ettel mit seinen persönlichen Eigenarten, Fähigkeiten und Schwächen und auch mit seiner Art, Priester und Jesuit zu sein. Die wechselnden Funktionen, in denen ich zu handeln habe, vom Gottesdienst über die Aufgaben in kirchlichen Gremien bis zu den Kontakten im Vorfeld oder im außerkirchlichen Raum, und die unterschiedlichen Rollenerwartungen bringen oft die Frage: was soll ich als Jesuit, als Priester? Ich bin nicht für mich Priester, sondern Beauftragter für andere. Was ist für diese konkreten Menschen wichtig? Ich freue mich regelmäßig, wenn ich erlebe, daß ausgestreuter Samen aufgeht.

Und meine Einstellung innerhalb des Ordens? Die Geistigkeit der Gesellschaft Jesu, die Exerzitien, die Ausbildung haben mich vermutlich stärker geprägt, als mir bewußt ist. Besonders die ignatianischen Exerzitien im Noviziat und erst recht im Terziat haben deutliche Spuren hinterlassen. Ich schätze die großzügig gewährte Zeit für die gründliche Ausbildung und persönliche Verarbeitung von Problemen. Wesentliche Schritte in meinem Studium und in der Praxis gingen auf eigene Initiative zurück. Solche Initiativen wurden mir immer wieder ermöglicht.

Gegenwärtig lebe ich in einer Gemeinschaft weniger junger und vieler älterer Mitbrüder. Es ist schön zu erleben, wie verschiedene Generationen einander respektieren und gelten lassen. An manchen älteren Mitbrüdern kann ich täglich sehen, was aus der guten Jesuitentradition kommt. Dabei wird mir bewußt, wie rasch sich Verhaltensweisen, Konventionen und Einstellungen verändern. Manchmal wünschte ich anderen ein größeres Tempo und einen schärferen Blick für heutige Realitäten. Aber es scheint auch erstaunlich, was alles möglich ist, von dem man noch vor einem Jahrzehnt nicht träumte.

Ebenso zwiespältig erlebe ich meine Einstellung zur Zukunft und zur Weiterentwicklung der Gesellschaft Jesu: neben der Grundtendenz einer optimistischen Zuversicht gestützt auf schöne Erfahrungen und freudige Begegnungen meldet sich auch die bange Frage: wie wird es weitergehen? Wo liegen unsere Aufgaben, unsere Verantwortung? Mit wem werden wir tätig sein, wem werden wir entsprechen können? Wird nach Phasen und Versuchungen zur Kleingläubigkeit auch immer wieder der Mut zum vertrauensvollen „Herr, ich will glauben, hilf meinem Unglauben!" möglich sein? Wieder eine Herausforderung an den eigenen und den gemeinsamen Glauben und die Hoffnung.

JOHANNES B. LOTZ, *geboren 1903 in Darmstadt (Hessen), ist seit 1921 Jesuit. Zeitlebens lehrte er Philosophie an den Hochschulen der Jesuiten in München und Rom und veröffentlichte Bücher und Beiträge in seinem Forschungsgebiet. Er lebt an der Hochschule für Philosophie in München.*

Der Orden ist meine menschliche, geistige und geistliche Heimat. Menschlich gesehen bietet er mir den Raum, in dem ich meine Gaben fruchtbar auswirken kann. Zugleich stellt er mich in eine Gemeinschaft von Männern hinein, mit denen zusammenzuleben und zusammenzuarbeiten es sich lohnt. Nicht allen ist es vergönnt, in einem Kreis von so vielen gescheiten und tüchtigen, gutwilligen und wohlwollenden Menschen geborgen zu sein.

In geistiger Hinsicht wurde mir eine vorzügliche Ausbildung zuteil, für die man mir die nötigen Jahre großzügig gewährte und mich aus Quellen innerhalb und außerhalb des Ordens schöpfen ließ. Daran schloß sich eine mich erfüllende Lehrtätigkeit an der Hochschule in Pullach/München und dann auch an der Päpstlichen Universität Gregoriana in Rom. Hinzu kamen ungezählte Vorträge und Kurse, die mich weit herumführten und mir die Freude brachten, Menschen aller Art etwas mit auf den Weg zu geben. Einen Niederschlag fand mein geistiges Schaffen in den Büchern und Artikeln, die in mehreren Verlagen und Zeitschriften erschienen und in verschiedenen Sprachen in die Welt hinausstrahlten.

Was den alles durchdringenden geistlichen Bereich betrifft, so nährte und nähre ich mich dankbar aus dem Erbe des Ordens, wie es uns Ignatius von Loyola aus seiner eigenen Erfahrung, zumal in seinen Exerzitien, geschenkt hat und wie es von seinen Söhnen im Laufe der Jahrhunderte gemehrt worden ist. Diesen Reichtum suchte und suche ich mir persönlich anzueignen und bei meiner seelsorglichen Arbeit in Exerzitien und Predigten an andere weiterzugeben. Auch das Einüben in die Meditation, dem ich seit Jahren einige Kraft und Zeit widme, schöpft aus dieser Quelle, womit sich freilich neuere Errungenschaften und auch östliche Einflüsse zu einem schönen Ganzen verbinden.

Die dreifache Heimat, die ich in meinem Orden gefunden habe, ging mir keineswegs durch die Erschütterungen verloren, in die unsere Gesellschaft mit der ganzen Kirche geraten ist.

Selbstverständlich muß auch ich mich damit auseinandersetzen und in manchem neu durchringen. Die Enttäuschung, die ich dabei verspüre, kann mich jedoch in meiner Treue zum Orden nicht wankend machen, sondern veranlaßt mich, meinen Stand noch tiefer zu begründen.

Ohne über andere urteilen zu wollen, würde ich es für mich persönlich als schmähliche Flucht ansehen, wenn ich die Gesellschaft, die sozusagen meine Mutter ist, während und wegen des gegenwärtigen Sturmes im Stich ließe. Die erforderliche Festigkeit erwarte ich nicht von meiner eignen Kraft, sondern von der Gnade des Herrn, der mich, wie ich zuversichtlich annehme, in diesen Orden gerufen hat. Darum lasse ich mir trotz aller Besorgnisse die Freude an meinem Leben im Orden nicht nehmen.

Sorgen bereitet mir das manchmal bedenkliche Ausmaße erreichende Dahinschwinden unserer geistlichen Überlieferung oder das Absinken in eine diesseitig-weltliche, bloß humanitäre Denkweise und einen äußerlichen Aktivismus. Mehr als alles andere ist die spirituelle Erneuerung und Vertiefung des Ordens vonnöten, wozu allenthalben, Gott sei Dank, erfreuliche Ansätze und auch neuartige Wege zu beobachten sind.

Besorgniserregend scheint mir ebenfalls das Auseinanderklaffen der älteren und jüngeren Generation im Orden. Zumal wird der Dienst am irdischen Wohl des Menschen von einigen derartig in den Vordergrund gestellt, daß der Dienst an Gott ungebührlich in den Hintergrund gedrängt, ja nahezu aufgegeben wird. Doch zum Wenden auch dieser Not hat der Orden immer noch hinreichend Kräfte zur Verfügung, vor allem dann, wenn seine spirituelle Erneuerung ganz ernst genommen wird. Wie mächtig das Gemeinsame weiter in den meisten lebt, haben mir einige Erlebnisse der letzten Jahre gezeigt. Davon beglückt, bin ich noch stärker als vorher überzeugt, daß sich das Gemeinsame gegen das Trennende durchsetzen wird, daß also die Lebenskraft des Ordens zuinnerst ungebrochen und damit den zersetzenden Einflüssen gewachsen ist. Die Gnade der Einheit in Liebe und Glaube, die Ignatius von seinen Gefährten als von „seinen lieben Freunden in unserem Herrn Jesus Christus" sprechen ließ, wird sich auch diesmal bewähren.

Für mein Lebensgefühl im Orden sind die unvergeßlichen Papstworte entscheidend: „Sie (die Jesuiten) sollen sein wie sie sind, oder sie sollen nicht sein!" Alle Änderungen, die voraussichtlich auch die Generalkongregation bringen wird, müssen und werden das Wesentliche unverändert lassen. Daher ist und bleibt der Orden des Ignatius von Loyola meine menschliche, geistige und geistliche Heimat.

MICHAEL HORATCZUK, *geboren 1909 in Wien (Österreich) ist seit 1932 Jesuit. Er arbeitete als Seelsorger und Schriftsteller in Wien. Einige Jahre lang leitete er die Zeitschrift „Entschluß". Heute ist er verantwortlich für die Verwaltung eines Jesuitenhauses in Wien.*

„Zu meiner Zeit" hatte sich die Gesellschaft Jesu einen eigenen Bereich in der Kirche aufgebaut. Vielleicht sollte man besser sagen, er hatte sich ergeben, denn ich glaube nicht, daß damals viel geplant wurde. Weltbild und Gesellschaftsordnung wurden eher statisch als dynamisch aufgefaßt. Wozu planen, wenn ohnehin schon alles vorgegeben war? Mag sein, daß gerade dieses feste Weltbild viele Menschen anzog. Da war Sicherheit, da fand jede Frage auch eine Antwort. Das Fußvolk der Jesuiten bestand aus den ehemaligen Zöglingen ihrer Schulen, aus den Mitgliedern der Kongregationen, aus Teilnehmern an Exerzitien und Einkehrtagen, aus den Besuchern der Jesuitenkirchen, den Lesern ihrer Bücher und Zeitschriften. Es war eine richtige Gemeinde da, in der man zu Hause war. Man sonnte sich im Glanz des großen berühmten Ordens und verehrte ihn.

Kein Wunder, daß junge Menschen leicht den Weg zu ihm fanden. So auch ich. Diese Bewunderung für den Orden ließ eine

Kritik nicht aufkommen, abgesehen davon, daß sie „sündhaft" gewesen wäre. Dabei war vieles Fragwürdige vorhanden. Da war im Noviziat eine herzhaft kindliche Atmosphäre, die oft genug ins Kindische geriet. Da war eine gewisse kleinbürgerliche Lebenshaltung, die für „weltliche" Kulturgüter wenig Verständnis aufbrachte. Es galt als bedenklich, Romane lesen zu wollen, Oper, Theater und Konzert lagen außerhalb des Lebenskreises. Das soziale Denken war recht unterentwickelt, vom politischen gar nicht erst zu reden. Es war alles eher konservativ und rückständig.

Dann in den Studien: die Scholastik, die uns beim besten Willen nur wirklichkeitsfremd erschien. Man konnte sie lernen und ihr System verstehen, aber das ganze System begann uns wie ein mauernumgebener Garten (mit trockenem Gesträuch) vorzukommen: man konnte in ihm spazierengehen, aber das Leben war außerhalb der Mauern. Die Exegese, wie sie damals zumeist getrieben wurde, konnte uns auch nicht recht befriedigen („uns": die Ordensmitglieder meines Alters).

Haben wir an dem allen gelitten? Eigentlich nicht. Wir nahmen es im Grunde nicht allzu ernst. Das war eben die Ausbildung: bei jeder Ausbildung wird eine Menge von Dingen gelernt, die man später nicht mehr braucht. Die meisten freuten sich auf die kommende praktische Arbeit, in der man ja eher persönlich vorgehen konnte.

Nur: die Jesuitengemeinde schrumpfte ein. Neue Kräfte, Bewegungen und Interessen waren aufgekommen, und nun zeigte sich, daß die schützende Mauer auch den Blick auf vieles verhindert hatte, was draußen vor sich gegangen war. Und nun kam Bewegung in den Orden. Die jungen Mitglieder versuchen nachzuholen, was versäumt worden war. Sie haben dabei eine gute Rückendeckung im Konzil. Freilich erleben Kirche und Orden eine Krise, aber es gibt schließlich auch Reifungskrisen. Man muß bei einer Krise nicht gleich an die Krankensalbung denken. Eher an die Firmung.

Mein Lebensgefühl in der Gesellschaft Jesu? Es hat sich entwickelt. Als die neue Zeit begann, kam ich mir vor wie eine Made in einem Leichnam. Sie hat ja genug zu essen, aber erquicklich ist ihr Dasein nicht. Dann ließ ich mich von den Jungen anstekken und wurde kritisch gegenüber der eigenen Vergangenheit. Das war noch unerquicklicher. Ich habe sicher in der Gemeinde der Jesuiten-Anhänger einiges geleistet, aber diese Gemeinde selbst ist mir einigermaßen verdächtig geworden. War sie auf dem rechten Weg? War sie überhaupt auf einem Weg? Blieb sie nicht auf dem Fleck stehen? Diese Meinung mag genau so ungerecht sein wie meine frühere Überzeugung, daß es einen guten Sinn habe, fromme Leute durch Predigten, Exerzitien, Artikel und Bücher in ihrer Frömmigkeit zu erhalten, aber ist dies der eigentliche Auftrag der Gesellschaft Jesu? Sie sollte doch neue Bereiche für Christus gewinnen. Insofern sehe ich sehr wohl ein, daß die jungen Mitbrüder mehr Jesuiten sind als wir alten.

Das ist eine Erkenntnis, die einen nicht gerade freut, wenn man sich selbst betrachtet. Sieht man aber den Orden, dann kann sie einen wohl freuen. Natürlich ist vieles noch unausgegoren, wie sollte es anders sein. Natürlich zeigen sich Pubertätserscheinungen, die einem alten Herren nicht gerade angenehm sind. Andererseits ist vieles da, was wir seinerzeit mehr oder weniger bewußt haben wollten, aber nicht hatten. Jetzt ist es da, und es wäre wohl schäbig, es zurückdrängen zu wollen, weil man nichts mehr davon hat. Und wer Sinn für Ironie hat, wird Vergnügen daran haben, daß er sich darüber ärgert, weil seine Wünsche erfüllt wurden.

Bedenklich scheint mir freilich, daß das Kreuz (und die Exerzitien sind auf einer Kreuzestheologie aufgebaut) nicht recht verstanden und nicht mit einer gewissen Selbstverständlichkeit ins Leben eingebaut wird. Das wäre für den Orden eine Lebensgefahr. Aber vielleicht gilt heute ein anderes Kreuz.

Die Zukunft des Ordens liegt wohl nicht in seiner Vergangenheit. Ich verstehe diese Zukunft zwar nicht recht, aber das besagt nichts. Wenn sie nur kommt: ich werde sie verständnislos-wohlwollend zu empfangen suchen.

Literaturverzeichnis

Wenn Sie sich gründlicher informieren wollen

Das neueste, umfassende Werk:
Chr. Hollis, Die Jesuiten, Söhne des Heiligen Vaters, Hoffmann und Campe, Hamburg 1970.

Großer Bildband über Ignatius und die Ordensgründung:
L. v. Matt und H. Rahner, Ignatius von Loyola, Echter Verlag, Würzburg 1956.

Über Ignatius und die Spiritualität des Ordens:
Hugo Rahner, Ignatius von Loyola als Mensch und Theologe, Verlag Herder, Freiburg 1964.

Ein altes, aber klassisches Werk:
Peter Lippert, Zur Psychologie des Jesuitenordens, Kösel – Pustet, Kempten 1913.

Ein älteres, immer noch brauchbares Werk:
Josef Stierli, Die Jesuiten, Paulusverlag Freiburg/Schweiz 1955.

Das Werk eines Außenstehenden mit dezidiertem Urteil, das dem Orden nicht gerecht wird:
René Fülöp-Miller, Macht und Geheimnis der Jesuiten, Leipzig 1929.

Sammelband mit historischen, theologischen und spirituellen Beiträgen u.a. von K. Rahner:
Ignatius von Loyola, seine geistliche Gestalt und sein Vermächtnis, hrsg. von Fr. Wulf, Echter Verlag, Würzburg 1956.

Ignatius' diktierte Autobiographie:
Ignatius von Loyola, Der Bericht des Pilgers, Herder, Freiburg 1955.

Ausgewählte Briefe:
Francisco de Xavier, Die Briefe, Hrsg. von E. Gräfin Vitzthum, Hegner, Leipzig 1941.

Ausgewählte Briefe:
Ignatius von Loyola, Briefe, Hrsg. von Karrer/Rahner, Benziger, Einsiedeln/Köln 1942.

Neueste französische Werke zur Vorbereitung auf die 32. Generalkongregation:
Alain Guichard, Les Jésuites, Grasset 1974.
Alain Guillermon (Hg.), Les Jésuites, spiritualité et activités, jalons d'une histoire. Ed. Beauchesne, Paris/Centrum Ignatianum, Rom 1974.

Wo findet man Jesuiten?

5100 Aachen, Kleinmarschierstraße 18
8900 Augsburg, Sterngasse 3
4051 Basel, Byfangweg 6
1000 Berlin 19, Neue Kantstraße 1
3012 Bern, Alpeneggstraße 5
5300 Bonn-Bad Godesberg 1, Elisabethstraße 18
2800 Bremen, Schwachhauser Ring 151
6100 Darmstadt, Nieder-Ramstädter-Straße 30
6311 Edlibach/Kanton Zug/Schweiz, Bad Schönbrunn
4300 Essen, An St. Ignatius 8
6800 Feldkirch/Vorarlberg, Stella Matutina
6000 Frankfurt a.M., Offenbacher Landstraße 224
1205 Genf, Avenue du Mail
6300 Gießen, Nordanlage 51
3400 Göttingen, Turmstraße 6
2000 Hamburg 13, Beim Schlump 57
3000 Hannover, Hildesheimerstraße 30
8670 Hof/Saale, Nailaerstraße 7
6021 Innsbruck 2, Sillgasse 6
9010 Klagenfurt, Kaufmanngasse 2
5400 Koblenz 1, Jesuitenplatz 4
5000 Köln 1, Stolzestraße 1a
4010 Linz/Donau, Freinbergstraße 32–34
2400 Lübeck, Wakenitzstraße 21
6700 Ludwigshafen, Frankenthalerstraße 229
6500 Mainz, Weintorstraße 29
6800 Mannheim 1, D 6, 5
8000 München 40, Seestr. 14
4400 Münster, Sentmaringerweg 55
8500 Nürnberg, Königstraße 64
7980 Ravensburg, Eisenbahnstraße 38
6630 Saarlouis, Stiftsstraße 14
9433 St. Andrä/Lavanttal, Kollegg 5
7822 St. Blasien, Kolleg
7000 Stuttgart 1, Wernhaldenstraße 6
1010 Wien 1, Dr.-Ignaz-Seipel-Platz 1
8700 Würzburg, Hofstallstraße 4
8001 Zürich, Hirschengraben 86

Personen- und Sachregister

Bildnachweis

Archive SJ: Seite 29 33 39 61 80 81 87 89 109 129 138 139.
Magnum Verlag: Seite 107
KNA Pressebild: Seite 121